AF489167

RELACIONES TÓXICAS

30 días

para superar el abuso emocional

Daniel J. Martin

ISBN 978-9916-746-12-7

Aviso: Este libro ha sido creado con la intención de ofrecer información, sugerencias y orientación sobre distintas áreas de la vida, entre ellas el bienestar emocional, la salud mental, el crecimiento personal y el desarrollo de relaciones saludables. Sin embargo, no sustituye en ningún caso a la atención médica profesional o al asesoramiento de un psicólogo o terapeuta calificado. Si estás enfrentando problemas serios de salud mental o emocional, te recomendamos que busques ayuda profesional de manera inmediata.

Estar en una relación tóxica es como estar dentro de un coche sin batería: pues permanecer ahí todo el tiempo que quieras, pero nunca irás a ninguna parte.

— Anónimo.

ÍNDICE

¡Un regalo solo para ti!

¿Te gustaría leer **mi próximo libro completamente GRATIS**? ¡Escanea el código que aparece debajo y **apúntate a mi club de lectores!**

Te esperan grandes sorpresas: sé el primero en leer mis nuevos lanzamientos, escucha mis audiolibros de forma gratuita, consigue copias firmadas y dedicadas... ¡y mucho más!

INTRODUCCIÓN

¿Estás en una relación tóxica?

Una relación tóxica es como una comida en mal estado: a primera vista, parece atractiva y creemos que nos sentará bien, pero la realidad es que nos provoca serios problemas de salud hasta el punto de que nos arrepentimos de haberla comida. Una comida en mal estado no solo no nutre ni alimenta, sino que nos obliga a sufrirla, expulsarla de forma violenta y dedicar un tiempo a recuperarnos.

Con las relaciones tóxicas sucede lo mismo: no solo no nos alimentan, sino que nos perjudican la salud. Por algo las llamamos «tóxicas».

¿Por qué, entonces, nos metemos en relaciones tóxicas? Y, más importante, ¿por qué tardamos tanto tiempo en salir de ellas?

Hay muchos factores que pueden explicar por qué la gente no sale corriendo de las relaciones tóxicas:

- A veces, la relación tóxica o abusiva empezó cuando éramos niños (por ejemplo, con padres o madres tóxicos), y no teníamos los recursos necesarios para salir de ahí.

- En muchos casos, esa primera relación tóxica de la infancia se convirtió en un aprendizaje (disfuncional) para las relaciones futuras. Repetimos el patrón que aprendimos.

- En otros casos, hay factores culturales, económicos o de educación que apoyan las relaciones abusivas en vez de rechazarlas.

- Y normalmente, en ese tipo de relaciones, el abuso o los problemas no empiezan enseguida. El caos en el que acabas es muy sutil al comienzo, y no te das cuenta del peligro hasta que tu sistema de vigilancia está desgastado por años de manipulación por parte de la persona abusiva. De esta manipulación gradual hablamos a continuación.

Hirviendo la rana lentamente

Dicen que, si metes una rana en una olla con agua hirviendo, la rana reaccionará de inmediato y saltará para salvarse. Sin embargo, si metes esa rana en una olla de agua a temperatura ambiente y luego empiezas a calentar el agua lentamente hasta que hierve, la rana no percibirá el peligro y permanecerá en la olla hasta que ya sea demasiado tarde para saltar y morirá dentro.

Esta metáfora sirve para ilustrar la adaptación gradual que hacemos a situaciones de estrés o peligro, especialmente en relaciones abusivas, sin darnos cuenta. Esto puede ocurrir en relaciones sentimentales, entornos laborales o en cualquier situación donde los factores estresantes se introduzcan de manera gradual. Simplemente, la temperatura sube tan despacio que no percibimos el peligro hasta que ya es muy tarde.

Relaciones tóxicas y relaciones abusivas

Aunque a veces se confunde, una relación tóxica y una relación abusiva no son exactamente lo mismo. Por supuesto, hay que huir de ambas porque las dos llevan a la destrucción de nuestra integridad, nuestra autoestima y nuestra estabilidad. Pero en una relación tóxica no siempre hay abuso por parte de uno sobre el otro. Por ejemplo: las parejas en las que ambos son ludópatas son tóxicas, puesto que sus hábitos son destructivos y se retroalimentan el uno al otro. Sin embargo, no tiene por qué haber una situación de violencia de uno hacia el otro (a veces, sí). O las dinámicas familiares donde dos miembros siempre se están discutiendo y peleando, ambos por igual.

En cambio, en las relaciones abusivas, SIEMPRE hay manipulación y violencia por parte de uno de los miembros hacia el otro. Y esta manipulación o violencia (que no tiene por qué ser física) no surge de la nada ni es provocada por la víctima: es deliberada y ya estaba planificada por parte de la persona abusiva cuando inició la relación. La persona abusiva siempre llevó dobles intenciones, aunque la víctima no tenía ni idea de ello.

Tanto de una relación de abuso como de una relación que sea tóxica por otros motivos hay que salir. Es imperativo para vivir. Y para ello, lo primero es tomar conciencia de que esa relación, en realidad, es una cárcel. ¿Cuál es el problema? Que esas relaciones nunca empiezan como una cárcel. Empiezan como un maravilloso camino de rosas en el que, al cabo de un tiempo, solo hay espinas. Empiezan con el agua a una temperatura muy agradable.

Las famosas *red flags*

En estos últimos años se ha impuesto el término «red flags» para nombrar ciertos comportamientos que nos tiene que poner en alerta acerca de las intenciones de la gente. Una sola bandera roja puede no significar nada (todos tenemos comportamientos raros de vez en cuando), pero varias banderas rojas indican un patrón de conducta y no son casualidad. A lo largo de la primera parte del libro veremos la mayoría de ellas.

¿En qué te va a ayudar este libro?

Este libro es una vacuna contra todo este tipo de relaciones destructivas. Sirve para aprender a detectarlas a tiempo y para huir de ellas en caso de que ya estemos metidos en una y no sepamos cómo salir. Especialmente, hago hincapié en las relaciones abusivas, es decir, las que son tóxicas porque uno de los miembros tiene un perfil acosador, maltratador, narcisista, etc.

Si tú sientes que estás en una relación abusiva, este libro te va a dar las claves para entender cómo te metiste, cómo romper con el ciclo y cómo hacer una recuperación de tu integridad y tu autoestima, además de ayudarte a protegerte de futuras relaciones parecidas.

Eso no significa que, con leer esta guía, se va a solucionar el problema para siempre, pero sí significa que, en estas páginas, encontrarás la información necesaria para protegerte.

Aquí veremos:

- Cómo son y cómo piensan las personas tóxicas y abusivas.

- Qué tácticas usan y cómo detectarlas a tiempo.

- Por qué se crean situaciones de dependencia precisamente con personas que nos hacen daño.

- Por qué es tan difícil salir de este tipo de relaciones.

- Cómo sanar tras una relación de abuso y cómo «vacunarnos» para no repetir la experiencia.

Detectar, huir y sanar

Las tres palabras clave para salir de una relación tóxica son, en realidad, tres acciones que debemos hacer de forma consecutiva: detectar, huir y sanar. Por ese motivo, he estructurado este libro en 3 partes, dedicadas cada una a una de estas acciones. A cada parte le he dedicado entre 9 y 12 capítulos cortos, entendidos como días de un viaje teórico-práctico en el que, en cada jornada, abordo un aspecto relacionado con el tema. Al final de cada día te propongo un ejercicio para que practiques lo que se ha hablado durante esa jornada.

Mi objetivo es que, tras la lectura de este libro, sepas identificar a las personas tóxicas y sus intenciones, y sepas qué hacer para que nos se aprovechen de ti.

También voy a ayudarte a sanar de anteriores relaciones abusivas para que puedas salir adelante sin que la depresión o la rabia te amarguen la existencia.

El amor es otra cosa

Lo dicen en todas partes y es verdad: el amor NO duele.

El sufrimiento en una relación sentimental puede venir por dificultades relacionadas con la salud, con problemas económicos, temas laborales... Pero nunca por faltas de respeto, miedo a la otra persona ni renuncias a la propia existencia.

Soportar abusos no es luchar por una relación. Entre otras cosas porque el abusador no está «luchando» por esa relación: él o ella se está aprovechando de ti. Por eso es importante afinar el olfato ante este tipo de personas.

Si has sido víctima de una relación abusiva, lo eres en este momento o, incluso, si no estás seguro/a de si la persona con la que estás tiene segundas intenciones, te pido que no dejes este libro: te ayudará más de lo que crees. Y no te digo esto porque yo sea un genio de las relaciones o haya vivido 100 vidas y tenga mucha experiencia. Te lo digo porque estas relaciones funcionan todas con mecanismos muy parecidos y, una vez entendidos, todo se ve mucho más claro.

¡Protégete! Yo te ayudo.

Daniel

PARTE I:
DETECTAR E IDENTIFICAR UNA RELACIÓN TÓXICA

Qué es una persona tóxica

Para empezar, te doy una mala noticia y una buena noticia:

- La mala noticia es que hay muchas personas tóxicas y abusivas en el mundo; y que se dedican sistemáticamente a aprovecharse de los demás, cuando no a destruirlos.

- La buena noticia es que, de alguna manera, todas esas personas se parecen. Como te decía al final de la introducción, todas usan las mismas tácticas, recurren a las mismas tretas y mentiras, parece que lleven el mismo software instalado. Así que, una vez entiendes cómo funciona la mente de una, eres capaz de detectarlas todas.

Sin embargo, eso no ocurre al principio. Lamentablemente, la mayoría de nosotros hemos tenido que aprender con la propia experiencia. Porque, como ya sabemos los que lo hemos vivido, las relaciones con una persona manipuladora, abusiva o con tendencias narcisistas[1] no empiezan igual que terminan: la persona que se muestra al final de la relación (violenta, conflictiva, amenazante, cruel, resentida, etc.), es la que siempre fue, solo que al principio lo disimulaba detrás de una máscara de simpatía, bondad y carisma. Nos enamoramos de un *fake*.

Tipos de malas yerbas

[1] Más adelante hablo del perfil de personas con trastorno narcisista o, directamente, psicópatas encubiertas.

El abanico de perfiles a evitar es amplio y no todas las personas con tendencias vampíricas o abusivas son igual de perjudiciales. Algunas más bien parecen niños malcriados que, una vez desenmascarados, inspiran más pena que otra cosa. Pero otras son realmente peligrosas. Y todas, todas, te perjudican de una u otra manera.

Son malas compañías:

- Las personas posesivas y controladoras.

- Las personas envidiosas.

- Las personas desafiantes y conflictivas.

- Las personas trepas y egoístas.

- Las personas con adicciones graves.

- Las personas narcisistas y psicópatas encubiertas.

Y es cierto que todos hemos tenido alguna vez un comportamiento agresivo, o una etapa de negatividad en nuestra vida. Todos hemos sentido envidia alguna vez. Pero lo que nos diferencia de las personas tóxicas es que, en nosotros, esos comportamientos son anecdóticos, mientras que en su caso son sistemáticos: esas personas son siempre así.

Entonces, ¿por qué nos relacionamos con ellas? ¿Por qué caemos en sus garras? ¿Por qué tienen tanto éxito cuando lo que merecen es el aislamiento social?

Porque tienen una serie de habilidades que la mayoría de nosotros no tenemos y, si las tenemos, no las usamos para aprovecharnos de los demás:

- Suelen ser muy buenos actores y actrices.

- Suelen ser hábiles con la palabra y las artes de la seducción.

- Tienen un don natural para la manipulación.

Ejercicio del día

Echa mano a tu pasado y busca relaciones tóxicas que hayas tenido o conocido, ya sean de pareja, familiares, en el trabajo, etc.

1. Elige a una de esas personas y recuerda cómo se comportaba.

2. Argumenta por qué consideras que era tóxica o abusiva. Cuando más concreto/a seas, mejor entrenado/a estarás para detectar personas así en el futuro.

3. Esa persona, ¿te recuerda a alguien de tu entorno actual? ¿Eres capaz de decir qué rasgos o conductas comparten?

Un caso especial: narcisistas y psicópatas integrados

Sin duda, de todas las «malas yerbas» con las que te vas a cruzar a lo largo de esta vida, estos perfiles son los peores. Y no son fáciles de detectar porque llevan una vida absolutamente funcional e integrada entre nosotros. Son tu jefe, tu primo, tu expareja... Y tiene la capacidad de destruirte emocionalmente.

Los narcisistas y los psicópatas encubiertos o integrados son personas que se caracterizan por su falta de empatía hacia los demás. Se consideran superiores y creen que tienen derecho a usar a las otras personas. No sienten remordimientos y se mueven solo por su propio beneficio.

Estas personas, además, tienden a la destrucción de los demás. Es decir: no solo intentan sacar un provecho (económico, emocional, social, sexual, etc.), sino que necesitan someter a sus víctimas y hacerlas sufrir.

Esta tendencia a la destrucción emocional de los demás se explica por su necesidad de alimentar su ego, que no puede «vivir» por méritos propios y que solo sobrevive cuando tiene poder para someter a las demás personas.

Sé que suena retorcido y solo las personas que han conocido a uno de estos seres saben hasta qué punto los mueve la maldad. En este libro te enseñaré cuáles son sus signos de identidad para que los detectes a tiempo.

La Tríada Oscura

En psiquiatría, se denomina Tríada Oscura a tres rasgos de personalidad que concentran toda la maldad humana. Estos tres rasgos son el narcisismo, el maquiavelismo y la psicopatía. De ellos salen todos los comportamientos abusivos, manipuladores, sin escrúpulos, crueles, sádicos y sin remordimientos propios de estos perfiles. Toda persona abusadora, manipuladora o violenta tiene rasgos de esta tríada, en mayor o menor medida.

En el extremo más grave, estos rasgos llevan a estos seres a elegir el caos en vez de la paz y el odio por encima del amor. Y lo hacen conscientemente.

Ejercicio del día

Sobre narcisistas y psicópatas integrados:

1- Es muy importante que aprendas cómo son estos perfiles y, sobre todo, cómo actúan. Por eso, te invito a busques información específica sobre ellos.

2- Pueden ayudarte los libros de Iñaki Piñuel, la guía «100 cosas que aprendí del perverso narcisista», de Jessica Cruz, o algunas cuentas de Instagram dedicadas a ellos.

3- ¿Has tenido alguna experiencia con ellos? ¿Cómo terminó? ¿Sospechas de alguien a tu alrededor con un perfil así? Si es así, aprovecha la oportunidad para observarlo desde una distancia prudencial y trata de no involucrarte de ninguna forma con él o ella.

Cómo entran en tu vida las personas tóxicas

Si la mayoría de nosotros caemos en sus telarañas, es porque nos ha atraído su máscara, que hemos tomado por su verdadera forma de ser. Sucede de una forma similar en la naturaleza, cuando ciertos animales depredadores muestran bellos colores para atraer a sus víctimas.

Aquí van cinco rasgos que suelen mostrar las personas manipuladoras al comienzo:

1. Son encantadoras

Las personas que viven de sacar algo a los demás son encantadoras en el sentido más literal del término, es decir: son capaces de encantar, de hechizar con sus encantos. Algunas de ellas se muestran humildes y cercanas para jugar la carta de la familiaridad contigo. Otras ofrecen una imagen de persona vulnerable para disparar tu empatía. Otras, en cambio, te seducen con su carisma, su seguridad en sí mismas y lo bien que te sientes junto a ellas (hay una conexión casi mágica).

2. Tienen buena reputación

Las personas que manipulan sistemáticamente también se preocupan por controlar cómo las ven las demás y qué dicen de ellas. La mayoría se labran una buena imagen pública para poder acceder más fácilmente a las víctimas que les interesan sin que estas sospechen nada.

También fingen tener un gran corazón, así que no es extraño que hablen de los grandes sacrificios que hacen por sus hijos o su familia, participen en proyectos solidarios o se muestren muy sensibles y empáticas con ciertos temas sociales.

3. Se presentan como víctimas de algo

Otra táctica que usan las personas manipuladoras para ganarse tu confianza es la de presentarse como personas que han sufrido por su exceso de bondad, generosidad o empatía, o que sufren actualmente por culpa de otra persona que les hace daño (es un clásico decir que «su expareja estaba loco/a»).

4. Se muestran reflexivas y sensatas

Este tipo de personas se presentan como gente sensata, gente con la que te puedes entender enseguida, con la que se puede «hablar». Se ganan tu confianza enseguida porque crees que saben lo que hay que hacer en cada momento y sientes la tentación de seguirlas.

5. Son justo «lo que necesitabas»

Cuando una de estas personas te elige como futura víctima, se presentará ante ti como la persona perfecta para llenar ese vacío que tienes en este momento: será tu nuevo mejor amigo, un flechazo inesperado... También coincidirá en muchas cosas contigo. Te «entenderá». En función del interés que tenga en ti, llegará a mostrarse como tu alma gemela.

Por desgracia, todas estas personas dejarán de ser tan maravillosas y mantendrán sus bondades solo de puertas hacia afuera, mientras que, en la intimidad, pronto mostrarán una cara bastante más siniestra.

Ejercicio del día

Cómo se metió en tu vida esa persona:

1- Piensa en una persona tóxica o abusiva en la que confiaste al comienzo, sea en el contexto que sea.

2- ¿Cómo se presentó a ti? ¿Qué fue lo que te hizo confiar en él/ella?

3- Te invito a que recuerdes cómo fue cambiando tu percepción de esa persona a medida que la conocías. ¿Tardaste mucho en ver su lado menos amable? ¿Crees que hoy tardarías menos si se repitiera la historia?

Cómo piensan las personas abusivas

La gente con patrones de conducta abusivos o manipuladores tienden a ocultar sus verdaderos pensamientos y, sobre todo, sus intenciones. Porque la mayoría de ellas tienen una agenda oculta, unos planes que involucran a sus víctimas y que no pueden compartir porque son completamente deshonestos. De todos ellos, ya hemos dicho que los perfiles narcisistas y los llamados psicópatas encubiertos son los más peligrosos porque sus intenciones no son «simplemente» aprovecharse de ti: sus intenciones son destruirte.

Cómo son las personas abusivas

Vamos a ver los diez rasgos principales de su verdadera personalidad:

1. Tienen poca o ninguna empatía

Eso significa que no sienten nada ante el dolor ajeno, ni siquiera cuando ese dolor lo provocan ellos. Aunque lo disimulan, su comportamiento denota frialdad y falta de consideración hacia los sentimientos o los límites personales de los demás.

2. En el fondo, se creen superiores

Los manipuladores, en especial los que tienen rasgos narcisistas, no pueden evitar creer que son superiores a los demás. Por eso, sienten una gran frustración cuando son tratados «como a cualquiera». Por eso, este tipo de gente nunca tiende a buscar compañeros ni relaciones simétricas (de igual a igual): buscan lacayos, mayordomos, criados y gente que los adule y los tema.

3. La envidia los corroe

Todos sentimos envidia alguna vez. Sin embargo, la envidia de esta gente va ligada a su sentido de superioridad: para ellos, es una gran afrenta que alguien tenga la osadía de haber conseguido algo, o sea feliz, o tenga éxito, «sin su permiso».

Por supuesto, no expresan esa envidia, porque para ellos es una humillación. Si te conviertes en su víctima, su envidia exagerada y patológica se acentuará con cada nuevo éxito tuyo, por pequeño que sea. Llegará un momento en que tú mismo trataras de no sobresalir en nada para no «ofender» a la otra persona.

Lo curioso es que muchos de ellos también dan por sentado que todo el mundo lo envidia a él, y lo usan como excusa cuando alguien les recrimina algo: «Esa persona actúa así porque me tiene mucha envidia».

4. Mienten por costumbre

La gente tóxica y manipuladora está dispuesta a mentir incluso cuando no lo necesita para lograr sus tretas. Les sale de forma natural. Además, no solo mienten, sino que también dominan un extenso rango de interpretaciones estelares: se hacen los ofendidos, derraman amargas lágrimas, se inventa enfermedades, montan numeritos, interpretan un repentino enamoramiento por ti...

5. No te quieren

Es muy duro aceptarlo y por eso nos engañamos con pensamientos del tipo «Me quiere a su manera». Pero la triste realidad es que esa persona no te quiere y, probablemente, nunca te quiso. No le importan tus sentimientos: te eligió por temas que no tienes que ver con el amor.

Y no es que tú no seas merecedor/a de amor: no es nada personal, es que esa gente no siente amor.

6. No les interesa tu amor

Lo que buscan esas personas no es amor, es control, recursos, sometimiento... Para ellas, el amor sincero es una estupidez, una debilidad que ellos fingen para lograr sus propósitos, pero que no sienten.

A menudo, nuestro error con esta gente es creer que el amor que les damos no es suficiente, o que debemos esforzarnos más para complacerles, o que alguien les hizo daño en el pasado y han perdido la confianza en el amor... Es una trampa. Ellos lo que quieren es tener el control sobre las personas que les rodean. Y, en caso de tener que elegir, prefieren ser temidos a ser amados.

7. Nunca cambiarán

La persona abusadora, manipuladora o narcisista nunca cambia. Puede fingir un cambio si le interesa en un momento dado, por ejemplo, para que vuelvas a confiar en él o ella después de una traición o falta de respeto, pero ese cambio no es real.

La realidad es que, si tienen que elegir, prefieren romper contigo a replantearse su conducta.

8. Su sentido de derecho es incompatible con el respeto

La persona abusadora tiene una doble vara de medir: sus límites son inviolables, pero los tuyos no existen. No reconocerá tus derechos si eso supone un obstáculo para sus objetivos. Tampoco reconoce tu libertad para actuar según tu propio criterio o tu voz para reprocharle las constantes faltas de respeto.

9. Nunca dan nada gratis

Este tipo de perfiles nunca ofrecen nada de forma desinteresada, ni siquiera a sus hijos: todo lo que hacen por los demás está concebido como inversión que recuperarán de una u otra manera. Son calculadores, aunque no lo parezcan.

10. Son parásitos

Ya sea en el aspecto emocional, social o económico, las personas abusivas toman mucho más de lo que dan. Es frecuente que, tras una relación con alguien manipulador o abusivo, la víctima no solo haya perdido la alegría, la autoestima y el tiempo, sino también mucho dinero.

Ejercicio del día

Muertos en el armario:

1- La forma como hablan algunas de su pasado da pistas sobre el comportamiento de esta gente. Algunos se muestran ambiguos, otros falsean las historias, se presentan como la víctima de sus anteriores parejas...

2- Te invito a que prestes atención a cómo la gente a tu alrededor habla de su pasado y cómo reacciona ante tus preguntas (deben ser preguntas que no intimiden).

3- ¿Eres capaz de detectar si esa persona se siente incómoda compartiendo algo de su pasado que debería ser normal (no estoy hablando de intimidades, sino de conversaciones comunes)?

10 *red flags* para salir corriendo

La persona que usa el maltrato psicológico en sus relaciones no inicia el ciclo del abuso directamente con insultos, amenazas o humillaciones. Antes, viene un período de transición donde muestra comportamientos ambiguos: tiene cambios de humor, provoca malentendidos, da explicaciones extrañas, te acusa de mentirle, hay problemas de comunicación... Suele ser muy sutil y por eso al comienzo no sientes más que cierta confusión: percibes que algo no funciona, pero no eres capaz de detectar qué es.

Aunque parezca inocente o que «aún no nos conocemos bien», toda esa confusión es una inequívoca bandera roja. ¿Por qué? Porque no es casual ni espontánea: es el inicio de la rana hervida lentamente.

Por eso, es muy importante estar atento a posibles banderas rojas al inicio de cualquier relación. Aquí van 10 red flags que deben ponerte en alerta:

1. Hay *love bombing* por su parte

Aunque todas las relaciones donde hay enamoramiento pasan por una primera etapa idílica, cuando se trata de perfiles manipuladores, esta etapa es exagerada (y falsa). A esa fase se le llama *love bombing* o bombardeo de amor porque la intención es abrumarte para que empieces la desconexión con todo lo que no sea esta persona. ¡Hay tanta atención, tanta comprensión y tanta pasión por su parte! ¡Le gustas tantísimo! Experimentas una gran conexión, te sientes apreciado/a y confías enseguida en esa unión.

2. Buscan el compromiso rápidamente

Continuando con lo anterior, la afinidad y conexión es «tan extraordinaria» que esa persona enseguida quiere hacer planes de futuro contigo. Tienes la sensación de que todo va demasiado rápido y enseguida sois «almas gemelas», «mejores amigos para siempre» o los «socios empresariales más brillantes del mundo».

Como resultado, enseguida te encuentras conviviendo con esa persona, mudándote a otro lugar para estar con ella, firmando hipotecas, hablando de tener hijos... No digo que estas prisas siempre sean malas (hay gente que se enamora y enseguida lo tiene claro): digo que, en el caso de estos perfiles, siempre forman parte de un plan.

3.Tratan de aislarte de tu entorno

Para poder manipularte sin riesgo a que te escapes, la persona abusiva debe separarte de tu entorno. Así que, de forma sutil, hace que te enfrentes a tu familia, te hace «elegir» entre él o ella y tus amigos, te convence para que dejes de ver a tus hermanos porque «te comen la cabeza», etc.

Si la relación sigue, es probable que esa persona te sugiera ir a vivir lejos de los tuyos o pasar cada vez menos tiempo con ellos.

Este tipo de comportamientos son planificados y sistemáticos y, a la larga, llevan al aislamiento de la víctima.

4. Te sientes observado/a o controlado/a

Esa persona, si se trata de tu nueva pareja, te pregunta con insistencia sobre tus relaciones pasadas, tus amigos o tus actividades. Puede presentarse por sorpresa donde tú estás porque «se moría de ganas de verte», aunque tú tienes la sensación de que estás siendo controlado/a.

También tienes la sensación de que, de alguna manera, estudia tu comportamiento, tus gustos o tus rutinas de una forma extraña: no es una sensación, esa persona necesita toda la información posible sobre ti para ver por dónde puede debilitarte en el futuro.

5. Sientes que te exige pruebas de amor o de lealtad

Esa persona suele sugerir que tus sentimientos hacia ella no son auténticos, o te acusa de flirtear con otras personas. Eso introduce la semilla de los celos, las discusiones y el caos que tanto te desgastarán en el futuro si sigues con esa persona.

Para «compensarlo», esa persona puede exigirte que renuncies a algo como muestra de amor, aunque tú no entiendes muy bien la relación entre tu amor y lo que te pide como prueba. En realidad, no se trata de una prueba de amor, sino de sometimiento.

6. Primeras faltas de respeto

La primera falta de respeto no siempre es un grito o un insulto: a veces es no comunicarse contigo durante todo un día ni contestar a tus mensajes y luego inventarse alguna excusa; o es dejarte plantado/a en alguna cita; o es una burla que a ti no te hace gracia, etc.

Como es al comienzo de la relación, esa falta de respeto suele pasar desapercibida, o suele perdonarse fácilmente. Sin embargo, ha sido intencionada por la persona abusiva: te está tomando la temperatura para ver cuándo puede empezar a apretarte las tuercas.

7. Hay caos y confusión

Siempre hay cierto nivel de caos que, de alguna forma, provoca esa persona: cambia de planes, te oculta información que te perjudica en decisiones que tomas, crea malentendidos... A veces, sientes que crea discusiones por problemas inexistentes, o que alarga las discusiones sin necesidad.

8. Arruina tus momentos importantes

Al principio parece que es «mala suerte», pero con el tiempo te darás cuenta de que siempre «pasa algo» los días que son especiales para ti: tu cumpleaños, el día que presentas un proyecto importante en tu empresa, una fecha especial... Siempre ocurrirá algo que no te dejará disfrutar al 100% de tu día, o, peor, que lo arruinará por completo.

Ten claro que nunca es casualidad: ellos arruinan tus momentos porque no soportan la idea de verte feliz o de que seas el centro de atención.

9. Se burla de lo que te gusta

Todos podemos hacer bromas de los gustos de los demás, pero la diferencia entre una broma y una burla o una humillación es que la primera te hace gracia y la segunda, no. Y si se convierte en una costumbre, se trata de una enorme bandera roja.

10. Siempre hay algún problema de salud

Las personas manipuladoras usan las dolencias y las enfermedades como recurso para sus objetivos. A veces son una forma de generar compasión, otras veces usan sus males para obligarte a cancelar tus planes, otras para poder arruinar tu día con sus quejas o, simplemente, para que estés pendiente de esa persona.

Por supuesto, cualquier relación implica el cuidado mutuo, pero con las personas abusivas eso se convierte en una cadena más.

Ejercicio del día

Tu propio sistema de alarma:

1- Te propongo que confecciones en un lugar privado y visible para ti (tu diario, tu móvil, etc.), tu propia lista de banderas rojas.

2- Puedes incluir las que hemos contado en este capítulo y otras que hayas detectado tú, hayas leído en otros libros, etc. La idea no es que te obsesiones ni vayas escaneando a la gente, sino que te familiarices con los comportamientos que denotan segundas intenciones.

3- Este ejercicio tiene como objetivo entrenarte para que, en el futuro, la alarma te salte a la primera.

El famoso *gaslighting*

Una de las técnicas de manipulación más famosas y más usadas por estos perfiles es el *gaslighting*.

A grandes rasgos, el *gaslighting* o luz de gas consiste en hacerte creer que algo ocurrió, o no ocurrió, en contra de lo que dice tu propio juicio. Para ello, la persona que pretende engañarte te dice que tienes mala memoria, que eso no fue como tú dices, te explica que lo has entendido mal... Cuando, en realidad, tu criterio y tu vivencia son correctos.

El *gaslighting* toma el nombre de una antigua obra de teatro inglesa llamada «Gaslight»[2]. La historia trata de un hombre que pretende convencer a su esposa de que está loca para quedarse con una fortuna escondida en la casa. Para ello, juega con la intensidad de la luz de las lámparas de gas a escondidas para hacer creer a su mujer que ve cosas raras y está perdiendo el juicio.

Desde la década de 1970 este término se utiliza para describir el intento de manipular el sentido de realidad de una persona. ¿Cuál es el objetivo? Esta técnica, prolongada en el tiempo, hace que la víctima termine desconfiando de su propia percepción, se vuelva insegura y, lo más peligroso, acabe confiando más en las palabras

---

[2] La obra de teatro original es de 1938 y es inglesa. Se han hecho varias versiones cinematográficas, la más famosa de ellas, la de 1944, con Ingrid Bergman.

de su abusador que en su propia capacidad para ver e interpretar la realidad.

Todos podemos tener mala memoria, todos podemos haber malinterpretado algo alguna vez, todos perdemos objetos y luego no recordamos dónde los hemos metido... Pero si esa persona nos lo hace creer a menudo y, además, usa un tono condescendiente o paternalista para explicarnos que eso no fue lo que ocurrió, o que nuestra memoria es un desastre... es pura manipulación.

Invalidando tus sentimientos

Otra forma típica de *gaslighting* es ignorar tus sentimientos y tus necesidades emocionales, haciéndote creer que no son para tanto, o que no son «proporcionales» a lo que ha sucedido. Por ejemplo, si le comunicas a una persona manipuladora que algo de lo que ha hecho te ha molestado, puede salir con expresiones del tipo: «No es para tanto», «Eres demasiado sensible»,

«Nadie se enfada por esto», «Ya quieres discutir otra vez…». Son frases para hacerte dudar de tu propio criterio acerca de lo que es y no es normal sentir en una relación.

Recuerda que todas las emociones son válidas, pero todas las conductas, no.

Ejercicio del día

La luz de gas se combate con pruebas:

1- Si sospechas que alguien te está haciendo luz de gas (por ejemplo: crees que te esconde cosas para decir que las has perdido, asegura que lo que dices no ocurrió, etc.), observa qué tipo de «misterios» son los que suceden.

2- Apúntate las cosas en un diario, graba con el móvil tus acciones que creas que van a ser puestas en duda, intenta que haya testigos en ciertas conversaciones o momentos, etc.

3- Si consigues la prueba de que esa persona te está haciendo luz de gas, no le confrontes ni le discutas: síguele el juego hasta que puedas salir de esa relación. De lo contrario, empezarán las discusiones sin fin.

La palabra como arma

Las personas manipuladoras y abusadoras «blandas» no suelen recurrir a la violencia física (aunque pueden llegar a hacerlo para mantener el control); porque su principal arma es la palabra.

Gracias a su increíble talento para la argumentación, le dan la vuelta a cualquier conversación, hacen que cambies de opinión, logran que renuncies a tu punto de vista «voluntariamente», etc.

En su extenso catálogo de estrategias de manipulación verbal suelen aparecer:

- Los falsos elogios: Son esos elogios que llevan implícita una desvalorización. Suelen responder al patrón de «Esto lo has hecho muy bien, para ser tú».

- El lenguaje sarcástico: Es frecuente que lo usen para burlarse o desvalorizar algo que para ti es importante.

- El chantaje emocional: Lo usan para obligarte a hacer algo o a renunciar a algo utilizando tu propio sentimiento de culpa.

- Las críticas encubiertas: Siempre hay una manera sutil y «desenfadada», incluso «divertida», de decir que eres un desastre y que todo lo haces mal.

- Las argumentaciones irrefutables (son irrefutables porque si no les das la razón, siguen y siguen hasta que se enfadan o tú te rindes).

- Los comentarios con doble sentido: Son esos comentarios que no sabes si encierran algún tipo de indirecta o son inocentes. En caso de preguntar para aclararlo, casualmente siempre son inocentes y tú eres la persona que has malpensado porque estás paranoico/a.

- Evitar que tú logres argumentar tu punto de vista (interrupciones, gritos, etc.), especialmente cuando ellos ven que llevas razón.

- La ensalada de palabras: Los chorreos que te hace esa persona para no decir nada y distraerte a ti de lo que querías decir. Suelen darse cuando tú quieres manifestar tu malestar por algo que él o ella ha hecho o dicho.

El lenguaje pasivo-agresivo

Es otra de sus especialidades. Es una forma de comunicación indirecta y sutil que implica expresar agresión, resentimiento o enfado de manera encubierta. Por ejemplo: «Sería genial que me acompañaras, pero ya veo que estás muy ocupado/a con sus propias cosas».

Discusiones que nunca terminan

Además, en su universo enfermo, solo hay una forma de terminar una discusión con él o ella: que tú termines dándole la razón por muy absurdo que sea. Pueden pasar días, meses o décadas, pero si no lo haces o él siente que continúas convencida de tu punto de vista, volverá al mismo tema una y otra vez hasta que te rindas.

Ejercicio del día

Detectando el abuso verbal:

1- Te invito a que dediques una semana a escuchar cómo habla la gente a tu alrededor, ya sea tu pareja o unos desconocidos en el autobús.

2- Trata de encontrar tácticas de manipulación o muestras de abuso verbal en su forma de hablar. Ten en cuenta que, la mayoría de nosotros, no las usamos, así que no te frustres si encuentras «pocas».

3- Como en los casos anteriores, este ejercicio tiene por objetivo entrenarte para que detectes a tiempo cuándo una persona está usando la violencia verbal contra ti.

Triangulación, control y hombro frío

Cuando la relación ya está establecida, la persona manipuladora empezará a desplegar técnicas más elaboradas con el objetivo de debilitar tu autoestima, controlarte y lograr que poco a poco te sometas y te vuelvas «dócil».

Una de las tácticas más usadas es la triangulación.

La triangulación

La triangulación es el acto de introducir en la relación a una tercera persona (a menudo, sin su conocimiento) para generar celos en la víctima y tener la sensación de que tiene que competir por el amor de la persona abusadora. A veces, esa tercera persona es una expareja, otras veces es alguien del trabajo a quien el o la manipulador/a «admira mucho», la hermana, el vecino que tiene una casa mejor... La triangulación se usa para elogiar y resaltar aspectos de esa tercera persona que la víctima no tiene. Eso obliga a la víctima a esforzarse por sobresalir por encima de sus supuestos rivales, además de preguntarse por qué su pareja (o su madre o amigo), siempre prefiere la compañía y la opinión de esa otra persona antes que la suya.

Con el tiempo, el manipulador usará los celos que él o ella ha inducido en la víctima para acusarla de celosa e insegura.

El control

Una de las características comunes a todas las personas con perfiles tóxicos es su necesidad de control absoluto de lo que sucede a su alrededor, incluidas sus víctimas. Lo disfrazan de amor, de preocupación o de generosidad, pero lo cierto es que es pura violencia. ¿Por qué? Porque sus intenciones no son cuidar ni apoyar ni mostrar lealtad: sus intenciones son terminar tomando las decisiones por ti.

Por otro lado, los abusadores no soportan tener que dar explicaciones. Hablan abiertamente de lo que les interesa par mostrar transparencia, pero se ponen muy nerviosos con las preguntas directas o que no esperan.

La técnica del hombro frío

A pesar de que la persona manipuladora está siempre encima de ti, hay una excepción: cuando la necesitas.

Cuando te surge un problema, un imprevisto, has recibido una noticia triste o, simplemente, estás desbordado y necesitas su apoyo, esa persona desaparece.

A veces no se va físicamente de tu lado, pero convierte la situación en un nuevo caos: finge no entender qué necesitas de él o ella; o se queda a tu lado, pero mostrando indiferencia o fastidio... También puede «consolarte» o reconfortarte con palabras que te generan más angustia que alivio. Todas estas actitudes forman parte de la llamada táctica del «hombro frío».

Ejercicio del día

Interrogando al inquisidor:

1- Hemos dicho que las personas controladoras buscan la manera de sacarte información, pero son reacias a hablar de sí mismas si no es en los términos que tienen ensayados.

2- Te propongo que observes la reacción de una de esas personas cuando le haces preguntas directas que no espera. Esas preguntas no tienen que ser íntimas, pueden ser tan inocentes como qué recorrido hacen para ir al trabajo o cuántos hermanos tienen.

3- Si tocas ciertas fibras, te darás cuenta de que se incomodan muchísimo, como si tuvieran cosas que esconder. Y es exactamente así.

Tratamiento de silencio e implacabilidad

El tratamiento de silencio, también conocido como «tratamiento de la pared fría» o «tratamiento de la indiferencia», es otra forma de abuso emocional. Con ella, la persona tóxica ignora deliberadamente, evita o se niega a comunicarse con la otra persona como forma de castigo.

Esta táctica puede manifestarse como la negativa a responder a mensajes, llamadas o intentos de comunicación de la pareja, o como una falta total de interacción emocional o física durante un período de tiempo prolongado. El objetivo del tratamiento de silencio es castigar a la víctima.

La víctima no entiende qué pasa o cree que ha hecho algo muy malo. Suele terminar suplicando y pidiendo disculpas por cualquier cosa, o haciendo concesiones inaceptables para «reconciliarse».

En otras ocasiones, el tratamiento de silencio se termina mágicamente por parte de la persona abusiva sin más explicación. Simplemente, «no tenía ganar de hablar», o algo por el estilo. Si le recriminas esa actitud, habrá otra discusión o volverá a la misma táctica.

Usa la implacabilidad

La persona manipuladora necesita salirse con la suya para alimentar su ego. Por eso, para ganarte en cualquier discusión o enfrentamiento, es capaz de traspasar cualquier límite, montar escándalos en una comida familiar, gritar durante horas, romper cosas, asustar a los hijos, o acusarte falsamente: su único objetivo es doblegarte para que te rindas.

¿Por qué lo hace? Porque, en los conflictos, esa persona no está interesada en encontrar una solución consensuada, ni tampoco aclarar ningún malentendido: él o ella quiere desgastarte y confundirte hasta que termines dudando de tu criterio y aprendiendo «quién manda aquí».

Jamás admite un error

En la línea de lo que acabamos de decir, tampoco soporta darte la razón, y menos cuando se trata de reconocer un error o un comportamiento abusivo por su parte.

Lo que suele hacer en esos casos es negar la evidencia. Si con eso no es suficiente, le quita importancia o se defiende con frases de este tipo:

- Todo el mundo lo hace, no es un error.
- Tampoco ha sido para tanto.

- Tú me obligaste a hacerlo con tu comportamiento.

- Lo hice porque te quiero.

- Tú cometes muchos más errores.

- Ahora me lo echas en cara para humillarme, ¿verdad?

Ejercicio del día

Qué hacer durante el tratamiento de silencio:

1- Si estás en una relación abusiva y te aplican el tratamiento de silencio, no pierdas el tiempo preguntándote qué has hecho mal o cómo puedes solucionarlo. Tampoco le vayas detrás.

2- Usa ese tiempo de silencio como momentos de paz y dedícatelo para cosas que te relajen. Puede ser muy difícil al comienzo, pero debes enviar el mensaje de que esa táctica, en realidad, a ti te beneficia.

3- Observa su reacción. Recuerda que, en cualquier caso, este ejercicio tiene por objetivo prepararte para salir de esa relación, no para quedarte.

DÍA 10

Destruyendo tu autoestima

Junto a todo lo dicho anteriormente, tu autoestima va a ser minada sistemáticamente a medida que la relación avance. En este capítulo repasaremos algunos recursos más.

Usar tu pasado en tu contra

Igual que en las detenciones de las películas, todo lo que digas en presencia de una persona tóxica puede ser utilizado en tu contra en el futuro. Esta gente suele tener una memoria selectiva muy eficaz para archivar tus palabras y tus actos, especialmente si son errores. Los usará para atacarte cuando le convenga.

Todo lo haces mal

En una relación abusiva, pronto pasarás de ser «el amor de su vida» a ser insuficiente, un desastre o una máquina de cometer errores. También le encanta alargar y exagerar la tristeza que le provocan «tus errores» y «tus defectos».

Lo triste es que, cuando llevas tiempo con esas personas, sí es cierto que cometes más errores, tomas peores decisiones y eres menos productivo. ¡Pero todo eso es por el continuo desgaste al que te somete!

Por otro lado, es una técnica clásica debilitarte y hacerte creer que no sirves para nada para luego presentarse él o ella como tu salvador, como la persona que necesitas para salir adelante.

En el fondo, lo que tiene esa persona es miedo de que un día tú descubras tu verdadero valor y lo abandones. Por eso, nunca se mostrará satisfecho contigo: siempre exigirá más de ti, siempre tendrás que trabajar más duro. Si en algún momento se muestra complacido, es solo para activar el refuerzo intermitente[3] y que tú sigas dándolo todo.

El sexo es manipulación

En las relaciones con estos personajes, el sexo suele ser maravilloso al comienzo. Pero, como ya debes haber sospechado a estas alturas del libro, se convertirá en un arma más contra ti:

- Para hacerte sentir inseguro/a con tu propio cuerpo o tu forma de relacionarte sexualmente.

- Para castigarte: te dejará sin sexo cuando a ti te apetezca o te coaccionará para tener relaciones cuando tú no quieras.

---

[3] En la segunda parte del libro explicaremos qué es el refuerzo intermitente.

- Para ridiculizarte, compararte con anteriores amantes, etc.

- Para reengancharte y convencerte de que está enamorado/a cuando quiera reconquistarte.

Sentirte inseguro en las relaciones sexuales con tu pareja, ceder a prácticas que te desagradan o no poder relajarte nunca en la cama es una señal de alarma que no debes obviar. Es cierto que las relaciones sexuales generan inseguridad a veces, pero esta nunca debe ser provocada deliberadamente por la otra persona. Eso es abuso y violencia y hay que salir de ahí.

Ejercicio del día

No eres ningún desastre:

1. Te propongo un ejercicio de autoafirmación contra los mantras de «Eres un desastre», «Suerte que estoy yo aquí», «Todo lo haces mal», o cualquier otra cosa que te suela decir la persona abusiva para empequeñecerte.

2. Se trata de dedicar 5 minutos al día a practicar frases ante el espejo. Por ejemplo: «Merezco ser tratado con respeto siempre», «No soy un desastre y, quien lo crea, es libre para marcharse ahora mismo», etc.

3. Al principio, puede que te sientas ridículo/a hablándole al espejo, o ni siquiera creas lo que dices. Sin embargo, con la práctica regular, estas afirmaciones neutralizarán los mensajes negativos que tienes internalizados.

La invisibilización

Cuando la relación ya lleva cierto tiempo, han pasado varias cosas: para empezar, tú te has acostumbrado a ello. Has cambiado mucho para complacer a esa persona, te has aislado de tus amigos y familiares, has renunciado a muchas cosas que querías y, aun así, parece que la relación no funciona.

En tu situación, además, hay algo que no puedes ver: su propia invisibilización. Cuando llevas mucho tiempo junto a una persona manipuladora o con rasgos narcisistas, te conviertes en la sombre de la otra persona: todo tiene que ver con esa persona y tu vida es secundaria: tus prioridades ya no son importantes, tus necesidades son ignoradas, y tu vida es una simple extensión de la suya. Todo girará en torno a su existencia y tú renunciarás a lo que eras antes para que la relación «funcione».

Disculpas su comportamiento ante ti mismo/a o ante los demás

En este punto, la relación es totalmente unidireccional: tu amor y lealtad nunca son compensados de ninguna forma, nunca son suficientes. Él o ella te exige más fidelidad y entrega, aunque tú no recibes lo mismo por su parte. Aún así, lo disculpas porque crees que la culpa es tuya.

A veces, terminas disculpando su comportamiento ante tu familia o amigos con frases del tipo: «Es que está estresado», «Ha tenido un mal día», «Su sentido del humor es muy particular...», «En el fondo, me quiere», etc.

Ejercicio del día

No disculpes a tu pareja:

1. Si tu pareja ha cometido un error y estás convencido de que ha sido inocente, por supuesto que debes mostrarle apoyo y defenderla en la medida que sea posible.

2. Pero si te ves a menudo disculpando a tu pareja por su comportamiento, deja de hacerlo. Si alguien te pide explicaciones a ti, dile educadamente que debe hablarlo con esa persona.

3. Cuando tu pareja note este cambio de tendencia, comunícale con calma y sin alargar la conversación que no vas a pedir más disculpas por su mal comportamiento.

Alarmas definitivas

Aquí van las últimas banderas rojas que ya no deberías ignorar y que, definitivamente, indican que debes huir de ahí.

Te dan miedo sus reacciones

La relación es tan abusiva y desigual que tú vas con pies de plomo para no «provocar» un nuevo conflicto. Actúas con cautela y temes cómo va a reaccionar ante cualquier cosa. Sin embargo, se trata de un círculo vicioso, ya que esa dinámica siempre irá a más: la persona abusiva será cada vez más exigente contigo, y los conflictos por haberle «fallado» serán cada vez más frecuentes.

Te hace pasar miedo con el coche

Muchas víctimas de relaciones con narcisistas o psicópatas encubiertos explican que su pareja a veces conducía de forma temeraria o, incluso, hacía amagos de provocar accidentes con el fin de aterrorizarlas. Se puede tener algún descuido al volante, pero la realidad es que, en esos casos, no son descuidos, son otra manera más de hacerte sentir inseguro/a o hacerte sufrir.

Recuerda que de ninguna manera se puede estar junto a una persona que nos inspira miedo.

Estás con él o contra él

Esta es otra advertencia que nunca debes olvidar: si esa persona te sugiere que no hay término medio, es decir, si estás con ella (eso significa, a sus órdenes) o contra ella (te conviertes en el blanco de su ira).

Este tipo de perfiles ven el mundo en blanco y negro, dividido entre súbditos o enemigos.

Ha hecho que tomes decisiones arriesgadas

No debes seguir en una relación en que has tenido que tomar decisiones arriesgadas contra tu propio instinto o lógica. Estas decisiones suelen involucrar dinero, cambios drásticos, etc., y muchas veces dan malos resultados. Cuando esto ocurre, la persona manipuladora te echará la culpa a ti.

Te hace perder los papeles

Esta es otra técnica que usan las personas tóxicas para llevarte al terreno al que tú no quieres ir: te saca de quicio para que explotes y pierdas los papeles. Normalmente usa cosas como:

- Tocar tus puntos de dolor (traumas, errores del pasado, cosas que te avergüenzan, etc.).

- Se burla de ti, te imita.

- Te obliga a discutir sobre absurdidades durante horas.

- Te acusa de cosas ridículas.

- Te ignora a media conversación.

- Te explica cosas en tono paternalista porque tú «estás mal».

- Te lanza amenazas, te desafía, etc.

Entonces, cuando tú explotas, la otra persona se muestra como una pobre víctima de tu comportamiento violento y tú quedas como alguien que está desequilibrado o tiene problemas para controlar la ira, mientras que él o ella está calmado o «asustado» por tu explosión de violencia.

Ese fenómeno se conoce como *reactive abuse*, en inglés, o abuso reactivo. Y esto nos lleva a la que, para mí, es la frontera definitiva.

Intenta romper tu integridad moral

En realidad, no hay una «bandera roja definitiva», o un límite en concreto. Cada persona manipulada, cada víctima de estos seres, tiene su propio límite, una especie de botón en su cerebro que, un día, hace «click», y se planta.

En mi caso personal, ese click se dio cuando mi pareja abusiva intentó que yo actuara mal con otra persona, es decir, trató de quebrar mi integridad moral. Sé que puede sonar muy retorcido o maquiavélico, pero algunas de estas personas tienen el deseo de que tú también te vuelvas mala persona. Para ellas, es una satisfacción ver que empiezas a abandonar tus principios morales y a traspasar límites que antes no hubieras traspasado. De alguna forma, necesitan corromperte.

Cuando esto ocurre, si no lo has hecho antes, prepárate para salir de ahí. No hay marcha atrás y cada vez será peor.

En la segunda parte vamos a abordar cómo hacerlo, ya que liberarse de este tipo de relaciones no es fácil.

Ejercicio del día

Busca tu *click*:

1- Trata de encontrar tu «click»: ese algo que ya no estás dispuesto a hacer, ese último «por aquí ya no paso».

2- Ese *click* no debe quedarse como algo anecdótico: es lo que desencadena la ruptura o alejamiento por tu parte.

3- Mantén ese *click* presente cuando te dispongas a romper esa relación. En la siguiente parte del libro veremos por qué es tan importante aferrarte a él.

PARTE II:
CÓMO ESCAPAR DE UNA
RELACIÓN TÓXICA

Darse cuenta

En cualquier situación de la vida, antes de ser capaces de afrontar un problema, debemos ser conscientes de que tenemos ese problema. Hasta que no asumamos que se trata de una situación insostenible y que no hay otra opción que parar, seguiremos por el mismo camino. No importa si se trata del abuso de alcohol, de estrés laboral extremo o de relaciones abusivas: nadie podrá ayudarnos mientras nosotros no veamos ese problema como nuestro principal enemigo a combatir.

En el caso de las relaciones tóxicas, en las páginas anteriores ya hemos hablado de situaciones que no podemos tolerar. Y no se trata de una cuestión de orgullo ni de creernos especiales: se trata de salud mental y dignidad.

Junto a ellas, debemos plantearnos huir cuando se den cualquiera de estas circunstancias:

• Siempre estás triste, asustado/a o furioso/a

Debes dejar una relación cuando todas tus emociones son siempre negativas: tristeza, angustia, ira, ansiedad, preocupación constante, etc. Si te cuesta concentrarte en el trabajo o atender a tu familia. Si vives en un estado de altibajos constantes donde la relación parece que está siempre a punto de romperse. Si siempre estás pendiente de esa persona, aunque no quieras.

• No es posible razonar con la otra persona

Has intentado muchas veces hablar con esa persona para reconducir la situación, pero es inútil. A veces parece que hay voluntad por su parte, o que sus disculpas son sinceras, pero al cabo de un tiempo todo sigue igual. (Recuerda que las personas tóxicas no quieren arreglar nada ni quieren cambiar).

- Llevas tiempo mintiendo a los tuyos

Hace tiempo que ocultas a tus amigos o familiares cómo va la relación en realidad. Te limitas a informar de que «todo va bien», o dices que tienes «los problemas normales de todas las parejas», aunque sabes que no es cierto.

- Te ha hecho cosas que no le perdonarías a nadie

Ya sean continuas faltas de respeto, exigencias abusivas, infidelidades, pequeñas o grandes traiciones, etc., parece que tu obligación es soportarlo todo. A veces, le aguantas las cosas sin enfadarte para no provocar un conflicto más, otras, porque sabes que, si tratas de razonarlo, se va a salir con la suya. Así que tragas y esperas que mañana sea un día mejor.

• Y aún con todo… no quieres dejar la relación

Sientes que deberías dejarlo, pero no puedes. Te da demasiado miedo la soledad, o su reacción, o tu sentimiento de fracaso tras la ruptura. Además, sigues teniendo la esperanza de que vuelvan los buenos tiempos, aquellos del comienzo de la relación, cuando todo era increíble.

¿Por qué no quieres dejarlo si sabes que es lo mejor para ti? ¿Y por qué los buenos tiempos se esfumaron y ahora solo te caen migajas de aquel fabuloso pastel que os ibais a comer entre los dos?

Las respuestas a esas dos preguntas son las siguientes: no «quieres» dejarlo porque te has vuelto adicto/a a la relación, y los buenos tiempos se esfumaron porque la otra persona usó contigo lo que en psicología se llama «refuerzo intermitente».

El refuerzo intermitente

El refuerzo intermitente es lo que nos vuelve adictos a la relación. Es algo parecido a la recompensa en los juegos de azar: al ser aleatoria (a veces ganamos mucho, a veces, algo, a veces, nada), nos mantiene mucho más en alerta que si fuera algo esperado o siguiera cierta lógica.

En las relaciones tóxicas, el refuerzo intermitente es lo que usa la persona abusiva para mantener enganchada a su víctima. Consiste en dar amor y afecto de forma irregular sin criterio aparente, con cambios repentinos que llegan combinados con atenciones y cuidados que luego desaparecen y dan paso a maltrato, desprecio o burlas.

Este refuerzo intermitente, además, se va acentuando: si al principio de la relación había un 90 % de atención positiva (muestras de amor, afecto, tiempo de calidad juntos, etc.), y «solo» un 10 % de comportamiento abusivo, con el tiempo esos porcentajes se irán invirtiendo. La víctima seguirá esperando el amor del comienzo y, como no entenderá la razón de esos cambios, acabará por creer que son culpa suya.

Ejercicio del día

Ser impermeables al refuerzo intermitente:

1. Para que el refuerzo intermitente no nos afecte, la única opción es ser conscientes de ello. Eso significa que no hay relación lógica entre nuestros actos y la posible recompensa.

2. En esos casos, debemos actuar según nuestro propio criterio, sin anticipar qué reacción tendrá la otra persona.

3. Si tenemos la convicción de que hemos actuado correctamente, no debemos esperar más recompensa que la nuestra propia.

El ciclo del abuso

Si entender que el refuerzo intermitente te ha vuelto adicto a esa relación, comprender cómo funciona el ciclo del abuso te permitirá tener una visión clara de cómo la persona abusadora / maltratadora ha dirigido la relación hasta convertirla en una cárcel.

El ciclo del abuso emocional (a veces también llamado «ciclo del abuso narcisista», porque suelen ser estos perfiles los que establecen esta dinámica), es el patrón de comportamiento que establece la persona abusiva en una relación. Se llama ciclo porque es repetitivo y atraviesa una serie de fases.

Las fases de este ciclo son 4 o 5 (en función de su hay «Luna de miel»), y se suceden siempre en el mismo orden:

1- Primero está la fase de idealización o bombardeo de amor: Ya hemos hablado de ella en la primera parte del libro. Hay un interés exagerado, un baño de amor y una explosión de euforia, complicidad y promesas de felicidad por su parte. Esta fase nos da tanto refuerzo positivo que nos enganchamos.

2- Luego viene la fase de devaluación y aislamiento: De forma sutil pero firme, el bombardeo de amor va dejando paso a las primeras faltas de respeto, las maniobras de control y al intento por aislar a la víctima de su círculo. Todo ello irá regado con refuerzo intermitente (ciertas muestras de amor) para que la víctima viva confundida y espere que esta fase sea solo «una mala época».

3- A continuación, aparece la fase de abuso y violencia gradual: En este momento de la relación, la persona abusiva se muestra como es y se dedica sistemáticamente a llevar la relación hacia el terreno de la violencia con caos, continuas peleas, faltas de respeto, amenazas, traiciones, etc. Si en este punto la víctima se plantea abandonar la relación, la persona abusiva «cambiará» para no perderla y tendrá lugar la llamada Luna de miel.

4- La Luna de miel: Esta fase se da siempre que la persona abusiva tema perder el control sobre su víctima. Entonces reduce su maltrato y permite una breve etapa dulce para que la víctima se confíe de nuevo.

5- Descarte: La última fase implica abandonar a la víctima una vez está completamente «rota»: está sola, tiene la autoestima por los suelos, está deprimida, ha cambiado su comportamiento para adaptarse a la relación y ahora está perdida, etc.

Tras el descarte suele haber una nueva fase, que es la de tratar de reconquistar a la víctima. Si lo consigue, el ciclo vuelve a empezar.

Ejercicio del día

Por qué se llama «descarte» y no «ruptura»:

1- En la mayoría de las relaciones que rompen, lo que hay es una ruptura o una separación, ya sea de mutuo acuerdo o por decisión unilateral.

2- Sin embargo, cuando se habla de gente narcisista y manipuladora, esa ruptura por su parte se denomina «descarte» porque lo que hay es un abandono sin la más mínima muestra de empatía.

3- Te invito a que investigues cómo son y en qué circunstancias se dan los descartes narcisistas.

Qué es la disonancia cognitiva

Para poder romper con una relación tóxica debemos entender qué nos ha llevado hasta ella y por qué caminos. Hemos hablado del refuerzo intermitente y también del ciclo del abuso.

Ahora hablaremos de cómo interpreta todo eso nuestro cerebro y cómo, poco a poco, deja de pensar de forma lógica. Es el momento de introducir la disonancia cognitiva. El nombre y sus principales estudios provienen del libro

Theory of Cognitive Dissonance, de Leon Festinger[4].

Qué es la disonancia cognitiva

Por disonancia cognitiva se entiende la ansiedad o incomodidad que experimentas cuando tus creencias o expectativas sobre cómo deberían ser las cosas o cómo deberías actuar entran en conflicto con cómo son los hechos y qué acciones has tomado en realidad.

Para acallar esa incomodidad mental (esa vocecita que te dice que no estás actuando bien o no deberías seguir por ahí), ponemos en marcha una serie de autoengaños.

---

[4] Leon Festiger (1919-1989), fue un psicólogo social neoyorquino que se especializó en el ámbito del comportamiento social y publicó *Theory of Cognitive Dissonance* en 1957, que ha sido uno de los libros más importantes en este campo.

Por ejemplo: te consideras una persona íntegra y no te gusta mentir. Sin embargo, le mientes a tu jefe sobre un asunto del trabajo. Al día siguiente, empiezas a sentir esa incomodidad psicológica porque has hecho algo que no te gusta hacer. Para acallar ese sentimiento desagradable, empiezas a justificarte: «Es que tengo mucha presión», «Si mi jefe fuera más comprensivo, yo no le habría mentido...», etc. Nadie niega que eso pueden ser atenuantes, pero los hechos que realmente cuentan son que: a) Te consideras una persona íntegra, b) Has mentido, y c) Estás tratando de justificarte para no sentirte mal.

Eso es la disonancia cognitiva.

¿Cómo se relaciona esto con la dependencia emocional o la adicción de la que hablábamos en las páginas anteriores? Porque la disonancia cognitiva es la forma de pensar de la gente que está sometida a dependencia emocional. Vamos a explicarlo un poco mejor.

La disonancia cognitiva maquilla la realidad

Cuando se trata de relaciones abusivas, este mecanismo de autoengaño que activa la víctima permite al abusador perpetuar la situación porque es la propia víctima la que termina maquillando o negando la realidad para no afrontarla.

Cuando oímos casos de violencia de género, a menudo nos preguntamos: ¿por qué la víctima no deja al maltratador? Pues uno de los motivos es que está bajo los efectos de esa disonancia cognitiva y se está autoengañando. Por supuesto que esa persona ve el daño que la pareja le está infligiendo. Pero el miedo, la indefensión aprendida, el agotamiento emocional y muchos otros factores prevalecen sobre su propio instinto de supervivencia, y la víctima termina por hacer lo que no debería hacer: engañarse, justificar los abusos, quitarles importancia, relativizar la situación, convencerse de que no puede hacer nada al respecto y excusar a su pareja.

Cómo combatir la disonancia cognitiva

De alguna manera, la disonancia cognitiva son unas gafas con filtro que te pones para ver la realidad de otra manera. Así que lo «único» que debemos hacer es quitarnos esas gafas para ver la realidad tal y como es.

Pero, como habrás intuido, eso no es nada fácil y normalmente requiere de trabajo terapéutico con profesionales. Aún así, voy a exponer en cuatro líneas las claves para neutralizarla:

1. Identifica tus valores, tus principios y la forma como te gusta que los demás te vean. Por ejemplo: como una persona con carácter o que sabe defenderse.

2. Piensa en circunstancias actuales que no concuerden con lo anterior. Por ejemplo: no le sabes poner límites a tu jefe y él se aprovecha de eso.

3. Entiende que esa incoherencia te provoca malestar. ¿Qué cosas te dices para acallarla? ¿Qué crees que sucederá si sigues ignorando ese malestar?

4. Asume que la contradicción entre los dos primeros puntos es tu responsabilidad. Haz un plan para, mediante pequeños pasos, superar esa incoherencia. Por ejemplo: Empezar por decirle a tu jefe que no te parece bien hacer horas extra sin cobrar.

Ejercicio del día

Entrénate contra la disonancia cognitiva:

1- Observa tu día a día y busca algún comportamiento, hábito, creencia, relación o decisión que te provoque disonancia cognitiva.

2- Trata de argumentar dónde está la tensión o incoherencia y qué te has dicho hasta ahora para justificarla.

3- Traza un plan para superar esa incoherencia y que desaparezca la disonancia cognitiva.

Tomar la decisión

A menudo, en relaciones tóxicas, transcurre mucho tiempo entre el momento en que la víctima entiende que debe dejar la relación y el momento en que finalmente tiene valor para hacerlo.

Eso se debe a los factores que hemos ido explicando: el refuerzo o maltrato intermitente, la disonancia cognitiva, la destrucción gradual de la autoestima de la víctima y de su propio criterio, el miedo, el acoso del abusador, el aislamiento...

Seguir el propio instinto

Aunque parece poco profesional, aconsejarle a alguien que recurra al propio instinto suele funcionar. El instinto tiene que ver con la autoprotección, eso que, en una relación tóxica, abandonamos. Y resulta que nuestro instinto de supervivencia lleva tiempo advirtiendo que eso no es lo que debería ser.

Por otro lado, escuchar al propio cuerpo suele ser la forma de darnos cuenta de algo que nuestro organismo ya había notado: estamos enfermando por culpa de esa relación. Es posible que, además de toda la inestabilidad emocional y todo el sufrimiento, tengamos:

- Insomnio, somnolencia permanente.

- Dolor de cabeza constante.

- Problemas intestinales.

- Las defensas muy bajas ante problemas comunes: resfriados, herpes, dermatitis, caída del pelo, etc.

- Agotamiento físico.

- Malestar general.

¿Qué necesitamos para tomar la decisión?

Como siempre digo, en estos casos, suele ser necesaria la ayuda personalizada. Aún así, aquí expongo una serie de preguntas que van en la línea de tomar la decisión correcta (en caso de una relación abusiva, la necesidad de romper):

- ¿Para qué quieres una relación de pareja? ¿Cuáles son las cosas básicas que debería tener una relación de pareja?

- Tu pareja actual, ¿puede o quiere construir esa relación?

- ¿Lo has intentado varas veces con esa persona, le has dado oportunidades?

- ¿Crees que, por el hecho de haberte comprometido en el pasado, tienes la obligación de vivir con abusos toda la vida?

- Por muchos errores que hayas cometido, ¿crees que mereces esta relación? ¿Crees que esa es la manera de pagar los errores?

- El miedo a estar solo/a es real. Sin embargo, ¿has pensado la cantidad de cosas buenas y gratificantes que comporta estar a solas contigo mismo/a una temporada?

- Si tienes hijos, o los tuvieras, ¿esta relación es la que querrías para ellos? ¿Este es el modelo que quieres darles?

- Si le tienes miedo al futuro, ¿a qué le tienes miedo exactamente? Intenta concretar qué aspectos son los que te aterrorizan del futuro.

- Nunca es tarde para volver a empezar. Hay víctimas de parejas abusivas que han roto a los 50, 60 y 70 años, y todas afirman que valió la pena.

Ejercicio del día

Estar solo/a no es sentirte solo/a:

1- El miedo a la soledad es uno de los factores que mantienen a las víctimas junto a sus abusadores. Por eso, es importante dejar de ver la soledad como una amenaza. Además, una cosa es estar soltero/a, y otra, solo/a.

2- Piensa en todas las cosas agradables que podrías hacer sin pareja y que ahora no puedes hacer. Haz una lista y tenlas presentes.

3- Busca gente a la que admiras (puede ser famosa o de tu entorno), que no tiene pareja. En vez de verlas como personas «perdedoras», busca qué cosas buenas les está aportando su soltería.

Preparando la escapada

Escapar de una relación tóxica o abusiva no es plantear una ruptura sin más: es el inicio de una etapa muy dura. Por eso es muy importante saber si estamos en condiciones de aguantar la post ruptura para evitar volver atrás. A veces, es mejor esperar un tiempo antes de plantear la separación que precipitarse y volver a caer. Las «reconciliaciones» en relaciones abusivas son muy peligrosas.

Si en una separación normal ya es recomendable planificar los pasos (en especial, si hay convivencia, trabajáis en el mismo sitio, hay asuntos económicos, etc.), en una separación de alguien tóxico la planificación es obligatoria.

¿Por qué?

Porque no va a ser amistosa y su reacción es impredecible. Puede ponerse violento/a, o bien puede actuar con frialdad y hacer como si le pareciera perfecto. También puede actuar con sensatez para que tú bajes la guardia y empezar una guerra a la semana siguiente. Como te digo: su reacción es impredecible.

Hay que preparar la salida

Quizás te parezca exagerado, pero cuando recuerdas cómo te ha estado tratando esa persona y cómo se va a poner cuando pierda el control sobre ti, toda precaución te parecerá poca. Así que aquí van algunas medidas a tomar:

- Una vez tomada la decisión, no comunicársela a nadie hasta que falte poco para el momento de la ruptura. Cuando sea el momento, decírselo a alguien de confianza antes para tener un apoyo emocional.

- Planificar los próximos meses: si es necesario, habrá que plantear un cambio de trabajo, de barrio, de gimnasio…

- Tenerlo todo preparado el día de la ruptura (maleta, dinero, etc.). Ese día, tener a alguien de confianza cerca, ya sea físicamente presente en el momento de comunicar la ruptura o al teléfono. Alguien que pueda estar a tu lado de inmediato o que sea testigo de la conversación.

- En el momento de la ruptura, no alargar la conversación: se trata de comunicar una decisión que no tiene marcha atrás, no de negociar.

- No escuchar ni hacer caso a nada de lo que diga la otra persona. A estas alturas, ya sabes que miente, manipula y nunca cumple sus promesas. Hay que mantenerse neutral, no caer ni en provocaciones ni en sobre explicar la situación.

Ejercicio del día

Si estás en una relación abusiva y estás decidido/a a dejarla, prepara tu propia escapada.

1- A partir de lo explicado en el capítulo, planifica tu separación y prepara todo lo que vendrá las semanas siguientes.

2- Recuerda prepararte también emocionalmente para mantenerte firme en tu decisión y no volver atrás. Ensaya tus palabras ante un espejo si es necesario.

3- Pon tu plan por escrito y no lo pongas en marcha hasta que no te sientas absolutamente preparado/a.

El contacto cero

El contacto cero es la clínica de rehabilitación de las relaciones abusivas. Como su nombre indica, consiste en reducir el contacto con esa persona a cero.

Aunque parezca imposible, se puede y se debe cortar toda comunicación con esa persona en menos de 24 horas. Y, aunque probablemente habrá que hablar de ciertos asuntos (temas económicos, separación de bienes, etc.), lo primero es instaurar un cortafuegos para centrarnos en nuestra recuperación. ¿Por qué? Porque la otra persona, ya lo hemos dicho, hará todo lo posible por sabotear la ruptura.

Cómo hacer el contacto cero

- Para empezar, hay que cortar y bloquear todas las vías de comunicación con esa persona, especialmente el teléfono. No hay que hablar más con esa persona (sé que habrá que «hablar» tarde o temprano, pero solo será para negociaciones puntuales.

- No hay que hablar más con esa persona ni sobre sentimientos ni sobre la relación.

- No hay que coincidir físicamente con esa persona en ningún lugar.

- También hay que bloquear a la persona de nuestras redes sociales, sacarla de nuestros grupos de chats (o marcharnos nosotros), y dejar cualquier actividad que solíamos hacer con ella.

- Alejarnos de los amigos en común. Aceptar que perderemos a muchos de esos amigos y que otros se pondrán de su parte.

- No hablar del tema con nadie más que para comunicar la ruptura a modo de anuncio.

- No dar ni buscar información sobre nosotros o sobre cómo está la otra persona.

- No tratar de enviar mensajes a la otra persona mediante amigos en común, redes sociales, indirectas, etc.

- No pensar en esa persona.

- No contestar a sus mensajes, provocaciones, llamadas, regalos, etc.

- No imaginar escenarios hipotéticos donde, casualmente, esa persona haya cambiado y vuelva a reunirse con nosotros.

Para qué sirve el contacto cero

El contacto cero supone que la persona abusadora pierde el poder sobre la víctima. No tiene acceso a ella, no puede manipularla para que vuelva ni amenazarla ni vengarse.

Por otro lado, cada día que pasa sin que la víctima interactúe con el abusador es un paso más hacia la recuperación. Es la única forma de romper el vínculo traumático y la dependencia emocional, por difícil que sea esa «fase de abstinencia».

Y recuerda: el contacto cero no es un castigo ni un escarmiento para la otra persona. Ni siquiera es una venganza por nuestra parte: el contacto cero es una medida terapéutica para nuestra recuperación. Lo que opine la otra persona o lo que haga a partir de aquí no es nuestro problema.

Ejercicio del día

Contacto cero y «limpieza» social:

1- ¿Has impuesto alguna vez el contacto cero a alguien? Si no lo has hecho, piensa en alguna persona de tu presente o de tu pasado a quien hacerle contacto cero te beneficiaría.

2- Si crees que, a día de hoy, te beneficiaría, te animo a que lo pongas en práctica. Y si estás en el proceso de ruptura con alguien abusivo, te invito a que lo pongas en práctica ahora mismo.

3- Recuerda que el contacto cero no es un castigo, y no tienes por qué dar explicaciones más allá de comunicar tu decisión.

DÍA 19

Qué esperar tras la ruptura

Para el abusador, solo existe un modo de romper una relación: ser él/ella quien deje a la otra persona. Cualquier otra alternativa, como ser abandonado/a sin que estuviera previsto, le supone un golpe durísimo que tambalea todo su ego y desata su ira. Por eso, y como te decía en el capítulo 16, su reacción tras la ruptura es imprevisible.

Aunque deseo sinceramente que no te veas en ninguna de estas situaciones, aquí van algunas de las cosas que puedes esperar:

- Reacciones violentas, como gritar, insultar, romper cosas o montar un drama (por eso siempre es buena idea que haya testigos o gente de confianza cerca en el momento de romper).

- Salir con algo que no te esperas, como decirte que lleva meses viéndose con otra persona a tus espaldas (y suele ser verdad).

- Actuar con sensatez a partir de ese momento para que te quedes con la sensación de que el problema eras tú.

- Preparar su venganza: Recuerda que son seres muy rencorosos que no toleran el abandono. Por eso debes proteger con antelación tus bienes, dinero o cualquier cosa sobre la que pueda dirigir su sed de venganza.

- Empezar a salir enseguida con otra persona y tratarla de forma muy distinta a ti: darle todo lo que a ti te negaba, declarar a los cuatro vientos que ahora sí es feliz y que la relación contigo era una tortura, etc.

- Amenazar con «hacer una locura»: Puede anunciar que se hará daño a sí mismo si lo dejas, o no aceptas una cita para «hablar las cosas» o algo por estilo. Incluso si la amenaza va en serio, no es tu responsabilidad.

- Otras amenazas: También puede advertirte de que está dispuesto a hacer cosas para perjudicarte a ti. En función de la amenaza, no hay que contestar más que con la presencia de un abogado o denuncia a la policía.

- El *hoovering*: Este recurso es, tal vez, el más utilizado, y merece que le dediquemos todo el siguiente capítulo.

- Las campañas de difamación: Igual que el anterior, así que vamos a dedicarle una jornada.

Ejercicio del día

Prever las reacciones:

1- Aunque es imposible saber cómo reaccionará la otra persona ante una ruptura, es recomendable barajas algunos escenarios, desde situaciones violentas a menosprecio.

2- Si crees que la persona abusadora va a reaccionar con indiferencia ante la ruptura o se va a «alegrar» de haberse «librado» de ti, prepárate mentalmente para que eso no te afecte.

3- En cualquier caso, debes prepararte para una post ruptura donde esa persona te echará la culpa y nunca habrá cordialidad.

Cómo prepararnos para el *hoovering*

Tanto si la ruptura ha sido cosa de la víctima como si ha sido decisión del abusador, el manipulador siempre intenta volver a la relación, por lo menos, hasta el descarte final. A veces, no te quiere como víctima principal, pero sí quiere seguir teniéndote cerca y a su disposición. Además, la persona abusiva no tolera ser dejada: es capaz de volver a la relación solo para poder ser ella la que realice el descarte final. Por ello, tras una ruptura con una persona tóxica hay que prepararse para la fase del *hoovering*.

Qué es el *hoovering*

El *hoovering*, también conocido como «el aspirado»[5], hace referencia a todas las técnicas de manipulación que la persona abusadora pone en marcha para convencer a la expareja de volver a la relación: como si fuera una aspiradora, intenta succionarla, acercarla y atraparla. Cualquier persona tóxica puede echar mano a este recurso, sin embargo, es un comportamiento típicamente narcisista.

Aquí van sus 8 técnicas más usadas:

1. El arrepentimiento

Tu expareja tratará de convencerte de que está arrepentida y de que *ahora sí entiende* todo el daño que te ha hecho. A pesar de que en los meses o años anteriores no mostró ningún tipo

---

[5] *Hoovering* deriva de la marca de electrodomésticos estadounidense Hoover, cuyo producto estrella son las aspiradoras.

de remordimiento y continuó con el abuso, ahora jura que se ha dado cuenta y se deshace en disculpas, pidiendo otra oportunidad.

2. La promesa de cambio

Siguiendo con la anterior, junto a las disculpas está la promesa de un cambio de comportamiento que, ahora sí, se hará realidad.

3. Amor «auténtico»

Como táctica en solitario o en combinación con alguna de las anteriores, la persona narcisista o abusadora empezará a mostrarte un amor y una atención que nunca antes había tenido contigo. Este amor viene acompañado de propuestas para hacer todas aquellas cosas que tú querías hacer y nunca hicisteis, y de muchos regalos.

4. Aproximación a tu círculo íntimo

Si no puede acceder a ti porque has establecido el contacto cero, intentará reestablecer el contacto con tus padres, hermanos y amigos. Suele hacerlo para decirles que sufre mucho y que quiere volver contigo.

5. Pretender que no ha sucedido nada

Pasado un tiempo prudencial, reestablece la comunicación como si no hubiera pasado nada o reduciendo la ruptura a una simple discusión de la que ya es hora de reconciliarse. Si tratas de recordarle sus constantes abusos, recurrirá a cualquier táctica para escurrir el bulto, desde disculparse hasta echarte a ti la culpa.

6. Victimización

Intentará hacerte sentir culpable por «todo lo que le has hecho». Sacará a relucir tus errores y todo lo que has hecho mal y se mostrará como alguien que ha sufrido mucho y como la auténtica víctima de esta relación y esta ruptura.

7. Requerir ayuda o apoyo inmediato

Si consigue reestablecer el contacto contigo y has aceptado a medias sus disculpas, requerirá tu atención o ayuda para solucionar una situación. Puede ser un problema físico, una enfermedad, la muerte de un familiar suyo... La idea es apelar a tu empatía y a tu «humanidad».

8. Contacto inesperado

Si nada de lo anterior ha funcionado, dejará pasar meses, incluso años. Entonces, casualmente, te escribirá usando la carta de la nostalgia. Ejemplo: «Estoy viendo nuestra película. Me acordé inmediatamente de ti», o «Ayer pasé junto al restaurante donde nos conocimos».

Como ha pasado tiempo, la víctima cree que ya se ha recuperado y que no hay nada malo en ser cortés. Es una trampa, como todas las anteriores.

Qué pasa si vuelves a la relación

Si, mediante el *hoovering* y todas las disculpas y promesas de cambio, el maltratador consigue que la víctima vuelva a la relación, nada cambiará: tras un tiempo prudencial, se repetirá el ciclo del abuso y, esta vez, la violencia escalará de forma más rápida e intensa: en el maltratador está latente la sed de castigo hacia la víctima por haber intentado dejarlo.

Ejercicio del día

Aguantar los intentos de *hoovering*:

1- Para no caer en la tentación de atender a las llamadas de atención de la otra persona, te recomiendo hacer algo así como un protocolo de actuación.

2- Intenta tener decidido de antemano qué hacer ante cualquier situación que implique un *hoovering*. Por ejemplo: si esa persona te encuentra «casualmente» por la calle, si te llama desde un número desconocido para que no sepas que es él o ella, si le «sucede} algún tipo de incidente...

3- En todos los casos, recuerda que tú no eres responsable de esa persona ni le debes nada.

Las campañas de difamación

Es frecuente que, tras la ruptura con una persona así, empiece por su parte una campaña de difamación contra ti.

Las campañas de difamación son una estrategia de acoso y venganza que buscan tu descrédito y desprestigio. Es decir: son el intento deliberado por su parte de destruir tu reputación. Eso se consigue criticándote, difundiendo rumores y medias verdades sobre ti, manipulando a la gente para que se ponga en tu contra, soltando mentiras sobre que hiciste... La persona abusadora incluso puede incurrir en delitos, como divulgar información privada o fotografías tuyas sin tu consentimiento.

Estas campañas de difamación suelen ser duras de llevar, especialmente si la víctima ya de por sí estaba en una situación de soledad y/o de baja autoestima. Además, pueden provocar problemas reales en el trabajo o en las relaciones con el entorno, ya que la persona narcisista o abusiva suele ser muy convincente y no actúa sola: generalmente, tiene a un grupo de «fans» que respaldan sus acciones.

Cómo responder a una campaña de difamación

Aunque el primer impulso es salir a contrarrestar todo lo que se está diciendo de nosotros, no es la estrategia más inteligente.

De hecho, es mejor mantener la calma y un prudente silencio: es mejor dejar que hablen y que cada cual se haga la idea de ti que deba hacerse. Mientras eso sucede, tú debes analizar la situación y decidir en qué puntos vas a intervenir, si es que quieres intervenir de alguna forma.

También es momento de ser muy cuidadoso/a acerca de qué gente realmente está a tu lado. Asume que, tras una campaña de difamación, vas a perder amigos: algunos, porque se pondrán de parte del otro y no querrán nada contigo, otros, porque tú no querrás volver a tenerlos a tu lado tras su traición.

Por mucha rabia, impotencia y tristeza que te produzca, nunca vas a poder reparar al 100 % los efectos de una campaña de difamación. Siempre va a haber alguien que te vea con ojos distintos después de eso. Siempre se va a alejar gente de tu lado.

Pero sí puedes hacer varias cosas:

1. Asumir que la persona abusiva ya te criticaba a tus espaldas antes de la

ruptura. Lo único es que lo hacía en secreto. Por eso mucha gente se ha puesto rápidamente de su parte: ya estaban convencidos antes de la ruptura.

2. Busca apoyo seguro: Busca el respaldo de familiares y otros seres queridos que estén incondicionalmente de tu parte. No se trata de formar un ejército, sino de que te sientas seguro/a con un reducido grupo de personas a las que puedas llamar «tu gente».

3. Recopila evidencias y testimonios de tu versión de los hechos. Más que para usarlo como arma, te servirá para tu propia conciencia y tranquilidad.

4. Recopila pruebas de posibles delitos por su parte: Desde capturas de pantalla y correos electrónicos. Si esa persona está difundiendo información privada, puedes denunciarla.

5. Si es necesario, consulta a un abogado o a un experto en relaciones públicas sobre opciones ante la campaña de difamación.

6. Priorizar tu bienestar: Tu salud emocional es más importante que «tener razón» o «demostrar la verdad al mundo». Si tú tienes a gente valiosa de tu parte, lo que pienses ciertos energúmenos tal vez no sea tan importante.

7. Recuerda que el tiempo pasa. Las campañas de difamación hacen mucho daño, pero son temporales. Si aguantas la tempestad, cuando amaine te sorprenderás de lo fuerte que eres.

Con esto no estoy diciendo que tengamos que aguantar linchamientos públicos. Ya he comentado que se debe recurrir a un abogado si es necesario. Lo que digo es que no caigas en las provocaciones cuando no haga falta. La campaña de difamación tiene que ser, claramente, solo por un lado. En ningún caso tú debes alimentarla. La respuesta por tu parte debe ser en frío, pasado un tiempo, y mucho más inteligente que la suya.

Ejercicio del día

¿Sabes qué son los monos voladores?

1. Te invito a que descubras qué son los monos voladores en el ámbito de la psicología y de dónde proviene ese nombre.

2. Si estás o has estado en relaciones abusivas y te han hecho compañas de difamación, sabrás que el abusador no actuaba solo. ¿Puedes identificar mentalmente quiénes eran sus monos voladores?

3. ¿Has sido tú alguna vez el mono volador de un abusador? Si es así, ¿qué piensas de ello ahora? ¿Cómo te sientes al respecto?

PARTE III:
CÓMO SANAR TRAS UNA RELACIÓN TÓXICA

DÍA 22

Qué esperar tras la ruptura (por nuestra parte)

En esta tercera parte del libro vamos a centrarnos en nosotros y en nuestra recuperación tras la ruptura.

Una vez comunicada la decisión, sea cual sea su respuesta, lo mejor es alejarse de esa persona, tanto física como mentalmente, y establecer el contacto cero. A partir de ese momento tendremos que estar muy alerta a nuestros propios pensamientos. ¿Por qué?

Porque a menudo sucede que, en lugar de sentirnos aliviados tras la ruptura, nos sentimos vacíos, confundidos y culpables. Incluso llegamos a dudar de si hemos hecho bien o si tal vez hemos exagerado.

Eso sucede por el vínculo traumático que hemos desarrollado con esa persona, y es muy importante mantenernos fuertes en estos momentos para no dar marcha atrás y echar a perder nuestro inicio de recuperación.

El vínculo traumático

El vínculo traumático es la dependencia emocional que hemos desarrollado hacia esa persona. Ese vínculo se crea como resultado de los ciclos de abuso y refuerzo intermitente, durante los cuales hemos terminado por perdernos a nosotros mismos y vivir exclusivamente por y para la otra persona, ya sea recuperándonos de sus abusos, buscando su nueva validación o esperando algo de amor que nos mantenga «a flote».

Romper ese vínculo es reencontrarnos con nosotros mismos. Es volver a ponernos en el centro de nuestra propia existencia, desplazando a la otra persona de esa posición. Aunque todo este proceso suele requerir ayuda profesional personalizada, aquí te dejo algunos consejos para reflexionar sobre el vínculo traumático y la forma de romperlo:

- El vínculo traumático es contrario a la estabilidad emocional, a la propia autonomía y a la integridad. Por lo tanto, es insano, tan insano como una infección o una enfermedad física.

- Si hemos desarrollado ese vínculo, es importante no castigarnos ni culpabilizarnos por ello. Hay que aceptar nuestra situación y nuestros sentimientos, incluso si son contrarios entre sí.

- Cambiar el marco mental para empezar a tomar decisiones propias que nos beneficien a nosotros en primer lugar (no estoy hablando de ser egoísta o cruel: estoy hablando de recuperar nuestro lugar).

- Tras la ruptura, no esperar nada de la otra persona, como si no existiera. Buscar todo el apoyo en profesionales y gente de nuestra confianza (evitar amigos comunes).

- Aprender a poner límites para no desarrollar este tipo de vínculos en el futuro.

Mientras estés recuperándote, es posible que la otra persona quiera ponértelo difícil. Por eso es recomendable aplicar el contacto cero, del que hablaremos a continuación.

Ejercicio del día

El vínculo traumático se da cuando ponemos a otra persona en el centro de nuestra vida y esperemos que sea ella la que nos valide.

1. Si estás en este momento en un vínculo traumático, observa qué aspecto de tu bienestar emocional has delegado en la otra persona.

2. Empieza a cambiar tu marco mental para que sea más importante tu propia opinión sobre ti mismo/a que la de cualquier otra persona.

3. Para hacerlo, empieza por pequeños pasos: por ejemplo, aprueba algo que has hecho (puede ser desde algo en el trabajo hasta una tortilla), y observa tus emociones cuando otra persona lo desaprueba.

Céntrate en ti

Estás en un momento delicado: aunque la ruptura ya es efectiva, la herida es muy reciente. Necesitas tiempo para cicatrizar y, sobre todo, necesitas que no haya complicaciones. Aquí van algunos consejos para priorizarte y empezar tu recuperación:

- Ponte en el centro de tu vida. Ahora tu bienestar, tus opiniones y tus decisiones solo dependen de ti.

- Vive en la realidad del día a día. No pienses en la otra persona. No fantasees ni con el pasado ni con lo que podría haber sido. Céntrate en llevar una vida funcional las próximas 24 horas.

• Sé paciente contigo mismo, con tus errores, con tus cambios de humor, con tu tristeza… No digo que te hagas la víctima, sino que te permitas sentir emociones.

• Trátate con la misma amabilidad y cuidado que tratarías a un niño que está pasando por una situación que no comprende.

• Confía en ti, como individuo y como miembro de la raza humana: está demostrado que nuestra especie posee una enorme capacidad de adaptación. Tú también serás capaz de recuperarte de esta etapa.

• Haz planes de futuro a medio plazo (aunque no se cumplan). El objetivo ahora no es que cumplas los planes (aún), sino que aprendas a vivir y a proyectarte en el futuro sin la otra persona.

• Céntrate en tu salud, en tu trabajo y en recuperar cierta vida social (moderada). La rutina en estas circunstancias es una gran aliada.

- Haz deporte, cuida tu hogar y tus espacios vitales y realiza actividades que te gusten.

- No te lances a «experiencias» ni «aventuras» nuevas que solo son producto de tu impulsividad. No es el momento de invertir en negocios, de empezar otra relación enseguida ni de hacer ningún cambio radical en caliente.

- Busca ayuda especializada en abuso. Es importante que el profesional que te atienda esté entrenado/a en relaciones con personas abusivas. Ponte en sus manos, pero no aproveches la terapia para dedicar infinitas sesiones a hablar de esa persona: debes hablar de ti.

¡No vayas a terapia con él/ella!

Aunque imagino que, a estas alturas, ya tienes claro que no hay marcha atrás, es mi obligación pedirte que no se te ocurra ir a terapia de pareja con esa persona, ni durante la relación ni después (por ejemplo, en el caso de hijos en común, «por el bien de los hijos»).

Ir a terapia con narcisistas, maltratadores y demás seres es volver atrás: su único objetivo cuando buscáis ayuda es recuperar el control, y presentarse como la persona conciliadora y sensata, mientras que tú te quejas por todo y no sabes llevar una relación. No es extraño que el psicólogo termine creyendo que el abusador es la víctima de la relación.

Además, las personas manipuladoras usan la terapia de pareja para aprender nuevas tácticas de cara a futuras víctimas.

Si necesitas ir a terapia –y es muy posible tras una relación abusiva–, ve solo/a y sé muy sincero con lo que sientes. No trates de «buscar explicaciones», solo expón hechos y tus propias emociones y deja que el profesional encuentre el método terapéutico más efectivo para ti.

Ejercicio del día

Practica la gratitud:

1- Puede parecer que el momento de recuperarse de una ruptura no sea el más adecuado para dar las gracias por nada. Sin embargo, es terapéutico.

2- Intenta encontrar motivos por los que estar agradecido/a ahora mismo. Por ejemplo, por las cosas positivas que hay en ti o por las cosas que van bien en tu vida (tienes trabajo, un techo donde vivir, salud...).

3- Aunque sea difícil, intenta sentirte afortunado/a por esas cosas. Con el tiempo, empezarás a dar más valor a lo positivo y no te pesará tanto lo negativo.

DÍA 24

La piedra gris

Tras romper con un perfil tóxico, todos los profesionales coinciden en recomendar el contacto cero, es decir, la no comunicación con esa persona. Sin embargo, eso no es posible cuando la otra persona sigue presente en nuestro lugar de trabajo o hay cosas en común, como la hipoteca de la casa, los hijos, etc. En esos casos, se recomienda aplicar la técnica de la piedra gris.

La técnica de la piedra gris (Grey Rock en inglés), tiene su origen en la experiencia personal de una bloguera de Nueva York cuyo pseudónimo es Skylar. En 2012, esta bloguera especializada en salud mental descubrió un método efectivo para tratar con cierta gente: ser aburrida emocionalmente. Según sus propias palabras, no ofrecer «alimento emocional» era efectivo para que «Narcisistas malignos, psicópatas, sociópatas, borderlines, reyes y reinas del drama, acosadores y otros vampiros emocionales» perdieran el interés por una víctima potencial.

¿En qué consiste esta técnica?

La piedra gris consiste en expresarse de la forma menos emocional posible. Su lema es: «responder en vez de reaccionar». El objetivo es no caer en las provocaciones del manipulador y mantener el foco en nuestro objetivo, sea cual sea. Así, hay que adoptar una postura de aparente indiferencia (la misma de una piedra), y que, además, resulta tediosa y aburrida, como el gris neutro.

Por ejemplo, en caso de tener que negociar sobre la vivienda común con un ex narcisista o manipulador, lo primero que hay que hacer es planificar la negociación en solitario o con alguien de nuestra confianza: ¿Qué es lo que queremos conseguir? ¿Qué es lo justo? ¿Hasta dónde estamos dispuestos a ceder? ¿Qué condiciones aceptaríamos?

Una vez tengamos muy claro esto, hay que ir a la negociación y no salirnos del guion. Debemos convertirnos en seres monotemáticos, aburridos, lentos, neutros, etc., y no permitir sacar a relucir nuestras emociones. Nuestras frases deben ser cordiales pero directas, objetivas y breves. No hay que sobre exponer ni sobre explicar nuestros puntos de vista.

También hay que mantener la privacidad sobre cualquier asunto que no sea el tema de la negociación. Como si se tratara de una partida de póker, la persona narcisista o manipuladora no debe saber qué cartas tenemos ni qué pensamos.

Hacia la desconexión emocional

¿Qué conseguimos convirtiéndonos en una *grey rock*?

Por un lado, evitaremos darle a la persona abusiva nuestro poder mediante la pérdida de control por nuestra parte. Ellos quieren nuestra atención, nuestra confusión, quieren crear drama, llevar la razón, tener discusiones interminables y ser el centro de toda circunstancia. Con la piedra gris se encuentran un límite claro y un cambio de paradigma.

Por otro lado, es el camino más seguro para llegar a acuerdos (que deben quedar por escrito), aunque no es una garantía.

Por último, nos lleva a la desconexión emocional hacia esa persona.

La piedra gris también sirve como vacuna para futuros manipuladores y para cambiar nuestra forma de relacionarnos con las personas tóxicas de nuestra familia. Incluso sirve para nosotros mismos como cortafuegos para evitar la tentación de «dejarle mensajes» a este tipo de personas.

Por ejemplo, tenemos la tentación de hacerle saber a nuestro ex que las cosas nos van muy bien, con el fin de hacerle rabiar. Mi consejo es no hacerlo, ni en directo, ni por medio de redes sociales, ni de ninguna forma.

En vez de eso, lo único que debe saber de nosotros son informaciones vagas, poco concretas, sobre que las cosas nos van «normal», y de que «vamos tirando». Estamos «bien», pero no «de maravilla», ni «mejor que nunca», ni tampoco «destrozados».

Limitaciones de esta técnica

La piedra gris no funciona a largo plazo (hay que ir hacia el contacto cero), ni tampoco cuando hay amenazas reales, delitos o continúa la violencia por su parte. En esos casos, hay que recurrir a la ley.

Ejercicio del día

El vocabulario de la piedra gris:

1. Si nunca has usado esta técnica, te invito a que te familiarices con su vocabulario que, como la técnica, es «gris». Incluye expresiones como «tal vez», «no estoy seguro/a», «Yo no lo veo así», «Sin novedad», etc.

2. Haz una lista de frases y expresiones que puedes usar en negociaciones o discusiones con abusadores. Recuerda que el objetivo es que pierdan interés en ti y pierdan de vista tus verdaderos objetivos.

3. Además de tu expareja, puedes poner en práctica este método con la persona abusiva o manipuladora de tu familia, tu trabajo, tu grupo de amigos, etc. Observa qué sucede y cómo te sientes.

Recuerda al monstruo

Cuando sientas que estás endulzando el recuerdo de tu pasado con esa persona o, incluso, estés tentado/a a escuchar sus disculpas, recuerda al monstruo que te demostró ser durante la relación: no fue un momento de descontrol, ese monstruo en que se convertía es su verdadera personalidad.

El maltrato es una elección consciente. Y es un comportamiento voluntario, no el resultado de ninguna enfermedad. No debes excusarlo con cosas externas como sus traumas del pasado, la educación recibida, la genética, el carácter, el abuso de alcohol, una mala época, etc.

¿Por qué te estoy mencionando esto ahora? Porque cuando la persona manipuladora no pueda hacer que vuelvas con ella por los métodos tradicionales, sacará la carta de su «trastorno mental» para apelar a tu compasión.

No es un loco/a con problemas

Pese a que puede que tenga un trastorno de personalidad narcisista diagnosticado o rasgos clínicos compatibles con la psicopatía, esa persona no está loca: puede discernir el bien del mal y podría comportarse correctamente si quisiera. De hecho, lo hace siempre que le interesa.

No es ningún enfermo mental que merece tu comprensión, es un ser destructivo que merece el aislamiento social, no como condena, sino como medida de protección hacia el resto del mundo.

Así que no es malo tener pensamientos compasivos hacia esa persona. Pero no pueden ir más allá de ser pensamientos. Cualquier acción por tu parte será volver al ciclo del abuso.

Nunca será feliz

Tanto si esto te reconforta como si te entristece, tu expareja abusiva nunca será feliz. Por mucho que ahora, después de romper contigo, haga alarde de sus éxitos, por mucho que presuma de una vida perfecta, esa persona es incapaz de estar en paz consigo mismo y, en consecuencia, tampoco puede ser feliz.

El maltratador nunca será feliz, ni contigo ni sin ti. En cambio, tú sí tienes la capacidad, el derecho y el deber de ser feliz. No viniste a este mundo a arruinar tu vida para diversión de otros. Así que deja de preocuparte por él o ella y empieza a vivir por y para ti.

Además, ¿recuerdas lo que decíamos de la envidia patológica? La envidia es la emoción de la insatisfacción permanente. Y eso es lo que sienten esos personajes.

Ejercicio del día

Memoria de los horrores:

1- Una buena forma de no endulzar el pasado
para evitar recaídas es escribir una memoria
de los horrores, es decir, dejar por escrito las
cosas que te hacía y cómo te hacía sentir esa
persona.

2- El objetivo de esta memoria de los horrores
no es hacerte sufrir más ni alargar la tristeza,
sino mantener vivo el recuerdo de lo que fue
esa relación.

3- Sé que este tipo de escritos son muy difíciles
de hacer y suelen dar mucha vergüenza al
escribirlos. Pero sirven de vacuna contra
recaídas y alivian la culpa que podamos
sentir.

Entendiendo el TEPT

Muchas víctimas de relaciones abusivas, especialmente si han estado mucho tiempo en esa relación o empezaron muy jóvenes, desarrollan Trastorno de Estrés Postraumático (TEPT).

El Trastorno de Estrés Postraumático es la respuesta natural de cualquier persona a una exposición intensa o prolongada a miedo extremo, horror, impotencia o violencia. Esto puede deberse a situaciones de guerra, desastres naturales, accidentes graves, atentados y agresiones sexuales, pero también por vivencias más «sutiles», pero igualmente impactantes, como el acoso persistente o el abuso emocional continuado.

Las personas con TEPT sufren una serie de secuelas asociadas al trauma, como depresión, ansiedad, insomnio, pesadillas, ataques de pánico, recuerdos intrusivos del evento traumático, evitación de situaciones o lugares que les recuerden el trauma, dificultades para concentrarse en el trabajo o en sus actividades, desmotivación, tristeza extrema, etc. También es normal que el TEPT haga aumentar la desconfianza, la desesperanza y la irritabilidad de la persona que lo sufre.

El TEPT se convirtió en un diagnóstico de salud mental en la década de 1980. Antes, a lo largo de todo el siglo XX, muchos psiquiatras ya habían estudiado los síntomas y las secuelas que presentaban desde soldados obligados a combatir en guerras hasta supervivientes de campos de concentración, pasando por mujeres víctimas de violencia doméstica o de torturas sexuales.

Superando el TEPT

El TEPT es una condición que requiere ayuda profesional. En ningún caso este libro pretende ser una sustitución a esta ayuda, en todo caso, un refuerzo o complemento a la psicoterapia.

Como tal, en este capítulo voy a dejar algunas ideas poderosas para reducir la herida o contribuir a que cicatrice mejor:

- Aprender sobre el propio trauma y el sobre el TEPT. Entender que lo que sentimos y nos sucede es normal, pero que no es para siempre.

- Encontrar apoyo entre gente que nos aprecie y/o que haya experimentado vivencias similares. Es muy difícil sentirse comprendido/a en estas situaciones por gente cuya vida ha sido siempre estable y pacífica y que no entiende de ansiedad o depresión.

- Tener una actitud positiva y activa ante la situación. Tratar de sacar aprendizajes y convertirlos en ayuda para otras personas que pasen por lo mismo.

- Realizar actividades que distraigan de los pensamientos relacionados con el trauma. Desde deporte hasta hobbies, desde el trabajo hasta la meditación, hay muchas actividades que se han comprobado beneficiosas para reducir los pensamientos intrusivos asociados al TEPT.

- Canalizar el trauma por vía de la expresión: escribir, asistir a terapias de grupo, dar conferencias... Compartir la experiencia la puede hacer más llevadera.

El objetivo final de cualquier terapia para superar el TEPT es hacer que la víctima vuelva a sentirse segura y confiada, motivada para vivir y llevar una vida normal, y sin síntomas o con escasos síntomas asociados al trauma.

Ejercicio del día

El TEPT y la serotonina:

1. Rick Hanson, psicólogo e investigador, confirma que los efectos del abuso y, por lo tanto, también el TEPT, se pueden mitigar aumentando los índices de serotonina en nuestro cerebro.

2. La serotonina es un neurotransmisor que interviene en el estado de ánimo. Te invito a que investigues sobre la serotonina y sobre cómo actúa sobre nuestro bienestar.

3. Comprométete a partir de hoy a «cuidar tu serotonina» con acciones que estén en tu mano.

El trauma de traición

Cuando se trata de una relación larga con una persona abusiva, además del TEPT también es normal que la víctima desarrolle una profunda rabia cuando descubre que la relación fue una farsa, es decir, que la otra persona la usó sin miramientos y nunca hubo amor verdadero por su parte. Entonces aparece la herida o trauma de traición.

El trauma de traición se da cuando alguien importante para nosotros y en quien creíamos se aprovecha de nuestra confianza y nos engaña. Sucede en relaciones cercanas, como amistades profundas y relaciones de pareja o familiares, y puede llevar implícita una infidelidad, una estafa, un engaño, una humillación, etc.

Cuando descubrimos la traición, la primera impresión es como de vértigo, de caída libre. Nos sentimos confundidos y heridos y, al mismo tiempo, incrédulos: queremos que no sea verdad.

En el caso de las relaciones abusivas, el trauma de traición no viene por el maltrato en sí (ese es evidente y manifiesto), sino por descubrir que nada de lo que le dimos a esa persona, ninguna de las veces que perdonamos su comportamiento, ninguna de las oportunidades que dimos a la relación, tenían fundamento porque a esa persona nunca le importó nada de nosotros. Solo nos eligió para utilizarnos. Ese descubrimiento, el descubrimiento de la gran estafa emocional[6], es como un mazazo. A partir de ahí, empezamos a

---

[6] Algunos autores expertos en el tema, como la psicóloga Belén C. Tarnowski o la autora Jessica Cruz, lo llaman «la estafa emocional». El doctor Iñaki Piñuel lo denomina «la violación del alma».

tener ríos de pensamientos sobre todas las veces que fuimos engañados, manipulados, etc. Al mismo tiempo, nos negamos a creer que esa persona sea realmente tan retorcida.

La sed de venganza

En muchos casos, lo que nos invade es un poderoso deseo de venganza. Es natural y es lógico no querer resignarnos a haber perdido tanto y que la otra persona se salga con la suya sin un rasguño. Queremos justicia y queremos que la otra persona sufra lo que nosotros hemos sufrido. Así que aquí te voy a dar un consejo para tu mejor venganza.

Aunque te parezca frustrante, la mejor venganza contra una persona que abusó de ti es recuperar tu vida y vivir como si aquello hubiera sido solo un mal episodio de la novela de tu vida.

¿Por qué esta es la mejor venganza?

Porque, a diferencia de las personas empáticas, los perfiles tóxicos quieren que sigas pensando en ellos, aunque sea para mal. Mientras tú estás tramando tu venganza, ellos siguen metidos en tu mente. No te has liberado. En vez de eso, si recuperas tu vida y sigues tu camino con dignidad e integridad, se vuelven locos de rabia y frustración.

Así que, una vez hecho lo que tengas que hacer (desde mudarte o cambiar de trabajo, contratar a un abogado, etc.), lo mejor es actuar como si esa persona fuera alguien del montón sin ninguna connotación para ti. Céntrate en crecer en todos los campos de tu vida (profesionalmente, sentimentalmente), para que tu existencia sea plena y llena de sentido. Eso es lo que más daño puede hacer a alguien que trató de destruirte.

Y no trates de «demostrarle» nada. Solo te debes a ti mismo/a.

Ejercicio del día

La verdadera victoria es olvidar:

1- En lugar de vengarte, prioriza tu vida hasta el punto de que te olvides de esa persona.

2- Te invito a que tomes un diario o agenda y apuntes en ella los días que has pensado en vengarte de esa persona, y si lo has hecho muchas veces y durante mucho rato.

3- A medida que avances en tu recuperación, verás que piensas cada vez menos en eso, hasta que un día te olvides por completo. Es el objetivo.

¿Por qué a mí?

¿Por qué te eligió para hacerte todo este daño?

¿Eres débil, poco inteligente, te falta carácter, eres demasiado ingenuo, infantil...? No, no es nada de eso. No hay nada malo en ti, al contrario: los perfiles tóxicos eligen cuidadosamente a sus víctimas por sus valores y recursos. Así que, en realidad, te eligió porque eres alguien muy valioso.

A pesar de lo que acabo de decir, lo normal es que sea la víctima la que sienta vergüenza y se culpe por lo que le ha ocurrido. Es cierto que algunas víctimas tienen la autoestima baja o vivieron infancias duras y son más permeables a las armas de seducción de esta gente. Pero no todas las víctimas tienen un pasado traumático. Y la mayoría de ellas son inteligentes, generosas, divertidas, trabajadoras, leales, cariñosas, carismáticas, seguras de sí mismas, exitosas... Lo único imprescindible para ser presa de un personaje tóxico es no ser capaz de detectar sus intenciones a tiempo. Y eso nos puede pasar a todos y a todas.

La transmisión de culpa

El único culpable en una relación abusiva es el maltratador. Sin embargo, es la víctima la que carga con una pesada culpa, mientras que el verdadero culpable lo vive con una tranquilidad cínica. Eso, en parte, es por la transmisión de culpa.

La transmisión de culpa es otro de los mecanismos clásicos de esta gente: en el mismo proceso de destrucción de tu autoestima, también va descargando en ti la culpa, la vergüenza y la sensación de insuficiencia que él o ella no es capaz de aceptar en sí mismo.

Llega un momento en que consigue que seas tú quien se avergüenza del maltrato, quien crea incluso que no merece otra cosa y quien se vea como el o la culpable de todo. Así, él o ella vuelve a las andadas liberado de toda responsabilidad sobre sus propios actos mientras tú te quedas tratando de gestionar todo lo malo que «hay en ti».

Te odia, pero no es personal

Los maltratadores te odian, pero no te sueltan. Te hacen creer que eres un desastre, te desprecian y te culpan de «su infelicidad», aunque, en el fondo, nada de eso es personal. Su odio no tiene nada que ver contigo, sino con su naturaleza destructiva.

No es tan listo

Aunque siempre se salga con la suya, manipule, convenza a todo el mundo y tenga éxito en su carrera, el manipulador no es tan inteligente como crees. Lo que ocurre es que dedica mucho tiempo a analizar a posibles víctimas y a planear sus pasos, mientras que nosotros somos espontáneos y nos pasamos la vida controlando los movimientos de los demás.

Lo destacable en un abusador emocional no es su inteligencia, sino su facilidad para hacer el mal a los demás. Ese es su único talento. Si le quitas eso, lo que queda es alguien del montón, con un ego de cristal, con complejos y que se pasa la vida tratando de apagar la luz de los demás para imponer su oscuridad.

La huella negra

A todos nos gusta dejar huella en la gente con la compartimos episodios de nuestra vida. Y la mayoría de nosotros deseamos que esa huella sea positiva. Pero ese no es el caso de abusadores, manipuladores y narcisistas: ellos necesitan dejar una huella de resentimiento en ti. Necesitan saber que te dejaron marcado/a.

Por eso, incluso después de la ruptura, rastreará tus redes sociales, andará por los sitios donde te pueda ver, te hará llamadas anónimas, etc. No es personal: lo hace con todas sus víctimas del pasado, del presente y del futuro.

Ejercicio del día

Las personas oscuras eligen a la gente con valor:

1- Haz una lista de tus valores y virtudes y haz una lista con las características principales de tu abusador.

2- Compara las dos listas. ¿Quién es la persona valiosa y quien, la que carece de valor?

3- Recuerda esto cada vez que te sientas inferior a esa persona, débil o de cualquier otra forma que esa persona te hizo sentir para hacerse valer.

Renacer de tus cenizas

Como sabes, en Japón existe una larga tradición del arte de la cerámica. Ligada a ella, también existe un método milenario para reparar las piezas de cerámica rotas, que se llama *kintsugi*.

El *kintsugi* consiste en volver a pegar los trozos rotos, pero usando como pegamento una laca de oro. De ese modo, las grietas no solo no se disimulan, sino que se ven más. El resultado es igual o más bonito que la pieza original.

Esta técnica se aplica también a las personas como filosofía de vida y como metáfora de la resiliencia. Se trata de no esconder las cicatrices que la vida nos ha hecho, sino de hacer algo bello con ellas.

Las heridas y cicatrices de la vida forman parte de tu historia

Una relación destructiva nos arrasa como un tsunami, pero tenemos los recursos y la capacidad de recuperarnos. Después, podemos aceptar nuestras heridas como parte de la vida y sacar un aprendizaje de ellas.

Debemos aceptar que todos nos hemos roto o nos vamos a romper en algún momento de la vida. La felicidad no consiste en no rompernos nunca, sino en tener la suficiente resiliencia para volver a montar nuestras piezas. En el *kintsugi* de nuestra vida, a aceptación, la compasión, la determinación y el tiempo son la laca de oro que pegan nuestras piezas rotas.

Ocho hábitos de las personas resilientes

Según el diccionario, la resiliencia es la «capacidad de adaptación de un ser vivo frente a un agente perturbador o un estado o situación adversos».

Todas las personas nacemos con cierta resiliencia, pero podemos y debemos entrenarla. Aquí van 8 ideas clave para ser más resilientes ante los golpes de la vida:

1. Ser conscientes de las propias virtudes y limitaciones. El autoconocimiento es un arma muy poderosa para enfrentar las adversidades. De esta manera podemos trazar metas y soluciones más realistas y basadas en nuestras capacidades sin olvidar nuestras debilidades.

2. Tener una actitud curiosa y abierta al aprendizaje constante. Ese aprendizaje implica asumir que no somos expertos en la mayoría de las cosas, y que otra gente puede saber más. Esa humildad nos mantendrá con los pies en la tierra ante los cantos de sirena.

3. Confiar en las propias capacidades. Junto a ello, ser capaces de pedir ayuda cuando sea necesario. La humildad también es una cura contra la arrogancia de creer que podemos con todo.

4. Entender las dificultades como una oportunidad para aprender. Hay que ser capaces de ver más allá de la dificultad y sacar algo positivo de ella.

5. No ser esclavos del pasado. El pasado forma parte del ayer y no debe ser una fuente de culpabilidad.

6. Ver la vida con objetividad, pero no dejar de ser optimistas. Ser conscientes de que nada es 100 % positivo ni negativo, y esforzarnos por centrarnos en los aspectos positivos.

7. No intentar controlar las situaciones, sino las emociones. Las personas resilientes han aprendido a lidiar con la incertidumbre y se

sienten seguras, aunque no tengan el control. Se centran en cambiar sus emociones cuando no pueden cambiar la realidad.

8. No abandonar los propósitos ante la primera dificultad. Ser resiliente también significa ser tenaces en los objetivos que son importantes para nosotros.

Ejercicio del día

Entrenar nuestra resiliencia:

1- Haz una lista de tus principales fortalezas y debilidades en el campo social y emocional. Por ejemplo: eres una persona generosa, pero te cuestan mucho los cambios.

2- Busca estrategias para compensar tus debilidades y entrenar la resiliencia en esos aspectos. Por ejemplo, si te cuestan los cambios, entrénate haciendo pequeños cambios cada día, aunque sean insignificantes.

3- El objetivo de esto es ampliar tu zona de confort acerca de ti mismo y tus capacidades.

Despedida

¡Fin del libro! Me alegra que hayas llegado hasta aquí y, a la vez, me entristece. Porque eso significa que tú también has sido víctima de alguno de estos personajes o lo eres en estos momentos, y también te has visto atrapado/a en una relación tóxica.

Sin embargo, espero haberte dado las herramientas necesarias para salir de esa situación, recuperarte y aprender para relaciones futuras.

Junto a todo lo dicho, me gustaría darte un par de consejos más antes de despedirme.

Por un lado, recuerda ver a estos personajes (maltratadores, vampiros emocionales, abusadores, etc.), como lo que son: seres mediocres, ridículos, acomplejados y siempre pendientes de los demás. Si no fuera por su enorme capacidad para destruir, los veríamos como a adolescentes insoportables y malcriados.

Por otro lado, nunca dejes que te apaguen la ilusión. Mantente siempre motivado, optimista y compasivo contigo mismo y con los demás. La empatía es lo que nos separa de esta gente. No la pierdas por el camino.

Los manipuladores desprecian los actos de amor sincero y de bondad porque los entiende como una debilidad. No seas como ellos/as.

«No quiero formar parte de un mundo que ve la bondad como una debilidad». Keanu Reeves.

Daniel

Tu opinión es muy importante

Como autor independiente que soy, tu opinión es muy importante para mí y para futuros lectores como tú. Te estaría enormemente agradecido si me dejases **un comentario** en tu plataforma favorita diciéndome qué te ha parecido mi libro **para así poder seguir mejorándolo**:

- ¿Qué es lo que más te ha gustado?

- ¿Hay algo que hayas echado en falta?

- ¿A quién se lo recomendarías?

- ...

¡Un regalo solo para ti!

¿Te gustaría leer **mi próximo libro completamente GRATIS**? ¡Escanea el código que aparece debajo y **apúntate a mi club de lectores**!

Te esperan grandes sorpresas: sé el primero en leer mis nuevos lanzamientos, escucha mis audiolibros de forma gratuita, consigue copias firmadas y dedicadas... ¡y mucho más!

Otros libros de Daniel J. Martin